特例有限会社の登記 Q&A

（新訂版）

神﨑満治郎 著

発行 テイハン

新訂版はしがき

　令和３年12月31日現在、清算中の会社を除いた特例有限会社数は約148万社です。ご承知のとおり有限会社法は平成18年５月１日に廃止されましたので、現在では有限会社を設立することははできませんが、平成18年５月１日時点で現に存する有限会社は、会社法の適用を受ける株式会社となりました。ただし、多くの特則が設けられており（平成17年法律第87号会社法の施行に伴う関係法律の整備等に関する法律（以下「平成17年整備法」という。）第２条から第46条参照。）、平成18年５月１日時点で存する有限会社も株式会社ではなく特例有限会社と称することになりました（平成17年整備法３条）。

　ところで、これは、本書の「増補・改訂版　はしがき」においても述べたことですが、令和元年度の日本司法書士会連合会の重点事業となっていた「定款を見直しましょう」キャンペーンの一環としての特例有限会社の定款の手直しには、読者の皆様はどの程関与されたのでしょうか。また、定款の手直し率はいかがだったでしょうか。

　なお、特例有限会社の事件数は、公表されている最新の統計（e－Stat 政府統計の総合窓口　2021年）によれば171,262件、うち主な登記では、役員に関する変更の登記の件数は82,607件、商号変更による株式会社への移行に伴う株式会社の設立の登記の件数は1,770件です。商業・法人登記の事件数で株式会社に次いで多いのは株式会社より相当少ないとはいえ特例有限会社に関する登記です。そこで、増刷を機会に、前回の改訂（令和元年10月29日）以降の法令の改正等を踏まえて改訂し、新訂版として発行することにしました。

　最後になりましたが、本書の新訂については、株式会社テイハンの坂巻徹社長、企画編集部の三上友里氏に大変お世話になりました。こ

こに記して御礼申し上げます。

　令和5年1月吉日

　　　　　　　　　　　　　神　﨑　満　治　郎

目　　次

第1編　総　　論 ………………………………………………… 1

第1章　旧有限会社は株式会社として存続 ……………… 1

1　旧有限会社が株式会社として存続することになった根拠は、何でしょうか。 …………………………………………………… 1

2　旧有限会社は、なぜ株式会社といわず特例有限会社というのでしょうか。 ………………………………………………………… 2

3　旧有限会社の社員、持分および出資一口は、どのようになったのでしょうか。 ……………………………………………………… 3

4　特例有限会社である株式会社の発行可能株式総数および発行済株式の総数は、どのように定められたのでしょうか。 …………… 3

5　特例有限会社は、平成17年整備法施行後、必ず定款を変更しなければならないのでしょうか。 ……………………………………… 4

第2章　有限会社法の廃止に伴う経過措置 ……………… 6

6　旧有限会社の定款における目的、商号および本店の所在地に関する記載または記録の取扱い …………………………………… 6

7　旧有限会社の定款における資本の総額、出資一口の金額、社員の氏名および住所および各社員の出資の口数の記載の取扱い ……… 6

8　旧有限会社が定款に定める公告の方法の取扱い ……………… 7

9　旧有限会社における予備的公告の方法 ………………………… 8

10　会社法27条4号および5号の規定と株式会社である特例有限会社の定款の記載事項 …………………………………………… 9

11　旧有限会社の社員名簿は、どのように取り扱われるのでしょうか。 …… 10

12　旧有限会社の定款に持分に関する別段の定めがある場合、どのように取り扱われるのでしょうか。 ………………………………… 11

13　会社法331条1項に規定する取締役の資格等に関する規定と特例

　　有限会社 ……………………………………………………………………… 11

14　旧有限会社が解散した場合における会社の継続および清算に関す
　　る経過措置 …………………………………………………………………… 12

15　旧有限会社法の廃止に伴う特例有限会社の登記に関する経過措置 ……… 13

第3章　特例有限会社に関する会社法の特則 ………………………… 16

16　株式会社である特例有限会社の商号に関する特則 ………………………… 16

17　特例有限会社がその商号中に株式会社という文字を用いるには、
　　どのようにすればよいでしょうか。 ……………………………………… 17

18　特例有限会社が定款の閲覧または謄本の交付の請求に応じる場合
　　には、どのような点に留意すればよいでしょうか。 …………………… 18

19　特例有限会社と株式の譲渡制限の定めに関する特則 ……………………… 19

20　平成26年会社法の改正により特例有限会社についても「監査役の
　　監査の範囲を会計に関するものに限定する旨の定めの登記」の申請
　　が必要でしょうか。 ………………………………………………………… 20

21　特例有限会社の株主による株主総会の招集に関する特則 ………………… 23

22　特例有限会社の株主総会の特別決議に関する特則 ………………………… 24

23　少数株主権の行使における議決権制限種類株式についての特別の
　　定め …………………………………………………………………………… 26

24　特例有限会社の株主総会に関する会社法の規定の一部適用除外に
　　は、どのような規定があるのでしょうか。 ……………………………… 27

25　特例有限会社は、どのような機関を設置することができるのでし
　　ょうか。 ……………………………………………………………………… 27

26　特例有限会社の取締役または監査役については、会社法の取締役
　　等の任期に関する規定は適用されませんか。 …………………………… 28

27　会社法に規定する取締役に関する規定の中で、任期以外に特例有
　　限会社の取締役に適用されない規定には、どのような規定がありま
　　すか。 ………………………………………………………………………… 29

28　特例有限会社の業務の執行に関する検査役の選任に関する特則 ………… 29

29　特例有限会社の会計帳簿の閲覧等の請求等に関する特則 ………………… 30

30　特例有限会社は、計算書類の公告および支店備置きの義務はない

のでしょうか。 ……………………………………………………… 31

31　特例有限会社には、休眠会社のみなし解散に関する規定は適用さ
れないのでしょうか。 ……………………………………………… 32

32　清算株式会社である特例有限会社には、どのような機関が設置さ
れるのでしょうか。 ………………………………………………… 32

33　清算株式会社である特例有限会社の清算人の解任 ………………… 34

34　特別清算に関する規定の適用除外理由は、何でしょうか。 ……… 34

35　特例有限会社は、何故、吸収合併存続会社または吸収分割承継会
社になることができないのでしょうか。 ………………………… 35

36　特例有限会社に株式交換および株式移転に関する規定が適用され
ないのは、何故でしょうか。 ……………………………………… 36

37　特例有限会社の役員の解任の訴えに関する特則 …………………… 36

38　特例有限会社の取締役・代表取締役および監査役の登記の登記事
項に関する特則 ……………………………………………………… 38

39　特例有限会社の清算人に関する登記の登記事項の特則 …………… 39

**第4章　特例有限会社が平成17年整備法施行後6か月以内に
申請しなければならない登記** ……………………… 41

40　特例有限会社が平成17年整備法施行後6か月以内に申請しなけれ
ばならない登記には、どのような登記があったのでしょうか。 ……… 41

第5章　特例有限会社の定款の手直し ……………………………… 43

第1節　定款の手直しの方法 ………………………………………… 43
第2節　定款手直しの具体例 ………………………………………… 44

第2編　各　　論 ……………………………………………………… 57

第1章　特例有限会社の登記手続総論 …………………………… 57

41　特例有限会社の登記の件数 …………………………………………… 57

42　取締役1名の特例有限会社において、取締役が死亡した場合と後
任取締役選任のための株主総会の招集権者 ……………………… 59

43　特例有限会社の株主総会の決議の方法にも、通常の株式会社と同
　　様、普通決議、特別決議および特殊の決議があるのでしょうか。 ………… 61

44　書面決議（株主総会の決議の省略）の方法によれば、定時株主総
　　会の開催も省略できるのでしょうか。 ………………………………… 65

45　書面決議（株主総会の決議の省略）の場合には、具体的にどのよ
　　うな書面を作成するのでしょうか。 …………………………………… 67

46　書面決議（株主総会の決議の省略）の場合と添付書面 ……………… 72

第2章　商号変更による通常の株式会社への移行の登記 …………… 74

47　特例有限会社が通常の株式会社へ移行せず、特例有限会社のまま
　　存続することのメリット・デメリットおよび移行期限の有無 ……… 74

48　通常の株式会社へ移行した方が良いか否かの判断の基準 ………… 76

49　特例有限会社が通常の株式会社へ移行する手順 …………………… 79

50　特例有限会社が通常の株式会社へ移行の登記後、元の特例有限会
　　社へ移行することの可否 ………………………………………………… 80

51　特例有限会社が商号を変更して通常の株式会社へ移行する場合、
　　移行後の商号中、会社の種類を表す部分以外の部分を、特例有限会
　　社時代と異なるものに変更することは可能でしょうか。 ……………… 81

52　特例有限会社が商号を変更して通常の株式会社へ移行する場合と
　　機関設計 …………………………………………………………………… 82

53　通常の株式会社への移行に際して選択できる機関設計 …………… 85

54　特例有限会社が商号を変更して通常の株式会社へ移行する場合に
　　変更する定款とその留意点 ……………………………………………… 87

55　特例有限会社が商号を変更して通常の株式会社へ移行する場合に
　　在任している取締役等の任期 …………………………………………… 90

56　特例有限会社が商号を変更して通常の株式会社へ移行する場合と
　　移行時に就任する取締役の選任方法 …………………………………… 92

57　特例有限会社が商号を変更して通常の株式会社へ移行する場合と
　　移行時に在任している代表取締役の地位の帰趨および移行時に就任
　　する代表取締役の選定方法 ……………………………………………… 94

58　特例有限会社が商号を変更して通常の株式会社へ移行する場合の

　　登記申請の方法 ………………………………………………………… 97

59　特例有限会社の商号変更による移行の登記に併せて当該会社に対
　　する貸付金を現物出資して募集株式の発行をする場合の手続等 …………… 99

60　特例有限会社が商号を変更して通常の株式会社へ移行する場合に
　　併せて申請できる登記には、どのような登記がありますか。 ……………… 102

61　特例有限会社が商号を変更して通常の株式会社へ移行する場合に
　　併せて申請できない登記 ……………………………………………… 103

62　特例有限会社の商号変更による移行の登記においては、移行時に
　　任期満了または辞任した取締役または監査役の登記はどうなるので
　　しょうか。 ……………………………………………………………… 104

63　特例有限会社の商号変更による株式会社の設立登記においては、
　　取締役、監査役および代表取締役の就任の年月日の登記は要しない
　　のでしょうか。 ………………………………………………………… 106

64　特例有限会社の商号変更による株式会社の設立登記申請書と印鑑
　　証明書の添付を要する場合 …………………………………………… 108

65　特例有限会社の商号変更による株式会社設立登記申請書の添付書
　　類 ………………………………………………………………………… 109

66　特例有限会社の商号変更による株式会社の設立登記を書面で申請
　　する場合の印鑑提出の要否 …………………………………………… 110

第3章　特例有限会社の取締役、代表取締役および監査役の
　　　　変更の登記 ……………………………………………………… 111

67　特例有限会社の取締役の員数の定め方 ………………………………… 111

68　特例有限会社の取締役の一部の者について任期を設けることの可
　　否 ………………………………………………………………………… 112

69　未成年者が特例有限会社の取締役または代表取締役に就任する場
　　合の登記の取扱い ……………………………………………………… 113

70　特例有限会社の取締役または代表取締役の就任による変更の登記
　　申請書に印鑑証明書の添付を要するのはどのような場合でしょうか。 ……115

71　株主総会の決議によって定めた代表取締役の就任による変更の登
　　記申請書には、なぜ就任を承諾したことを証する書面の添付を要し

ないのでしょうか。 …………………………………………………… 118

72　特例有限会社が株主総会の決議によって代表取締役を定めるには、
　　互選の場合と同様、定款にその旨の定めが必要でしょうか。 ………… 120

73　取締役に就任しその登記後、取締役の欠格事由に該当することが
　　判明した場合の取扱い ……………………………………………… 121

74　特例有限会社の定款の附則に定めた設立当初の取締役の解任と定
　　款変更手続きの要否および変更の登記の添付書類 …………………… 123

75　特例有限会社の取締役の辞任または員数の増加による変更の登記
　　と定款添付の要否 …………………………………………………… 124

76　特例有限会社に取締役が数名いる場合は、会社の管理運営上は代
　　表取締役を置いた方がよいでしょうか。 ……………………………… 125

77　特例有限会社において、１人取締役を代表取締役として登記する
　　ことの可否 …………………………………………………………… 127

78　特例有限会社の代表取締役の選定方法 ……………………………… 127

79　特例有限会社の代表取締役の任期 …………………………………… 129

80　定款の定めに基づく取締役の互選によって選定された代表取締役
　　の辞任による変更の登記の申請書には、定款の添付を要するでしょ
　　うか。 ………………………………………………………………… 130

81　定款または株主総会の決議によって定められた代表取締役は、何
　　故代表取締役のみを辞任することができないのでしょうか。 ………… 131

82　定款または株主総会の決議によって定められた代表取締役は、定
　　款の変更または株主総会の承認を得れば代表取締役のみを辞任する
　　ことができるのでしょうか。 ………………………………………… 132

83　取締役２名、代表取締役１名の特例有限会社において、代表取締
　　役が死亡または辞任した場合は、どのようにすればよいでしょうか。 …… 133

84　取締役２名の特例有限会社において、代表取締役でない取締役が
　　死亡または辞任した場合は、どのようにすればよいでしょうか。 ……… 136

85　特例有限会社に監査役を置く場合の定款の定め方 ………………… 138

86　監査役の登記をしていない特例有限会社が初めて監査役の就任に
　　よる変更の登記を申請する場合または１名の監査役が辞任する場合
　　と定款添付の要否 …………………………………………………… 139

87　特例有限会社の役員の変更の登記において、就任を承諾したこと
　　を証する書面に住民票の写し等の添付を要するのは、どのような場
　　合でしょうか。また、市町村長が作成した証明書にはどのようなも
　　のがあるでしょうか。 ……………………………………………… 140

第4章　株式および新株予約権に関する登記 ……………… 143

88　特例有限会社の株主が当該会社の株式を譲渡により取得する場合
　　にも当該特例有限会社の承認を要する旨の定めを設けることの可否 …… 143
89　特例有限会社が「株式譲渡制限の定め」を廃止する定款の変更を
　　することの可否 ………………………………………………………… 144
90　特例有限会社は、その発行する株式の全部を「取得請求権付株
　　式」とすることができるでしょうか。 …………………………… 145
91　特例有限会社は、その発行する株式の全部を「取得条項付株式」
　　とすることができるでしょうか。 ………………………………… 147
92　特例有限会社も「種類株式」を発行することができるでしょうか。 ……148
93　特例有限会社は、いわゆる「属人的種類株式」を発行することが
　　できるでしょうか。 ………………………………………………… 149
94　特例有限会社も、相続人等に対する株式売渡請求に関する定めを
　　設けることができるでしょうか。 ………………………………… 150
95　特例有限会社も株券を発行することができるでしょうか。 …………… 151
96　特例有限会社は、株式の消却をすることができるでしょうか。 ……… 152
97　特例有限会社の募集株式発行の手続と通常の株式会社の募集株式
　　発行の手続は、同じでしょうか。 ………………………………… 153
98　特例有限会社も新株予約権および新株予約権付社債を発行するこ
　　とができるでしょうか。 …………………………………………… 154

第5章　特例有限会社の本店移転または支店設置の登記 ………… 156

99　特例有限会社の本店移転の手続について ……………………………… 156
100　特例有限会社の支店設置と定款変更の要否等 ……………………… 157

第6章　資本金の額等の減少 ………………………………………… 158

101　特例有限会社は、どのような場合に資本金の額の減少をすること
　　ができるでしょうか。また、資本金の額を減少する場合に定款の
　　変更を要するでしょうか。 ……………………………………………… 158

102　特例有限会社の資本金の額の減少の手続 ………………………… 160

103　特例有限会社の準備金の額の減少の手続 ………………………… 162

104　各別に催告を要する「知れている債権者」の意義 ……………… 165

105　「資本金の額の減少をしても債権者を害するおそれがないことを
　　証する書面」の具体例 ………………………………………………… 166

第7章　組織変更 ………………………………………………………… 168

106　特例有限会社に株式会社への組織変更ということはあるのでし
　　ょうか。 ………………………………………………………………… 168

107　特例有限会社は、合名会社または合資会社へ組織変更すること
　　ができるでしょうか。 ………………………………………………… 169

108　特例有限会社は、合同会社へ組織変更することができるでしょ
　　うか。 …………………………………………………………………… 170

第8章　組織再編 ………………………………………………………… 172

109　特例有限会社が特例有限会社を吸収合併することの可否 ……… 172

110　特例有限会社が株式会社への移行の効力発生を条件に特例有限
　　会社を吸収合併することの可否 ……………………………………… 172

111　特例有限会社が消滅会社となり、特例有限会社以外の会社が存
　　続会社となる吸収合併の可否 ………………………………………… 174

112　特例有限会社と特例有限会社が合併して株式会社を設立するこ
　　との可否 ………………………………………………………………… 175

113　特例有限会社が分割会社となり、特例有限会社以外の会社が承
　　継会社となる吸収分割の可否 ………………………………………… 176

114　特例有限会社が分割会社となり、特例有限会社以外の会社が新
　　設分割設立会社となる新設分割の可否 ……………………………… 177

115　特例有限会社が当事者となる株式交換または株式移転の可否…………177

第9章　解　　散 ……………………………………………………… 178

116　特例有限会社の解散の事由 ……………………………………… 178
117　株主総会の決議による解散とその留意点 ……………………… 180
118　解散の登記の申請 ………………………………………………… 182
119　解散の登記の添付書面 …………………………………………… 183

第10章　清算特例有限会社の機関 ……………………………… 184

120　清算特例有限会社の機関 ………………………………………… 184

第11章　清算人の登記 …………………………………………… 184

121　特例有限会社の清算人 …………………………………………… 184
122　清算特例有限会社の機関設計 …………………………………… 186
123　特例有限会社が株主総会の決議等により解散した場合の清算手
　　続の概要 …………………………………………………………… 186
124　清算人の登記の登記事項 ………………………………………… 188
125　最初の清算人の登記の添付書類 ………………………………… 189
126　清算人の変更の登記の添付書類 ………………………………… 191

第12章　清算結了登記 …………………………………………… 192

127　解散の日から2か月以内の清算結了登記の申請は、何故受理さ
　　れないのでしょうか。 …………………………………………… 192
128　清算結了登記の添付書類 ………………………………………… 193

第13章　継続の登記 ……………………………………………… 195

129　清算特例有限会社の継続の可否および継続が可能な場合はその
　　手続の概要 ………………………………………………………… 195
130　清算特例有限会社の継続の登記の添付書類 …………………… 197

第3編　資　　料……………………………………………………… 199

　1　通　　達 ……………………………………………………… 199

　2　照会・回答・通知 …………………………………………… 205

　3　質疑応答 ……………………………………………………… 206

　4　記録例 ………………………………………………………… 213

第1編　総　　論

第1章　旧有限会社は株式会社として存続

Q1　旧有限会社が株式会社として存続することになった根拠は、何でしょうか。

> **Q**　会社法の施行に伴う関係法律の整備等に関する法律1条3号の規定により廃止された旧有限会社法の規定により設立された有限会社は、会社法の規定による株式会社として存続することになったとのことですが、その根拠は、何でしょうか。

A　旧有限会社法の規定により設立された有限会社が、会社法の規定による株式会社として存続することになった根拠は、会社法の施行に伴う関係法律の整備等に関する法律（以下「平成17年整備法」という。）2条1項です。

■ 解　説

　旧有限会社法の規定により設立された有限会社で平成17年整備法施行の際（平成18年5月1日）現に存在するものは、会社法の規定による株式会社として存続することになりましたが、その根拠は、平成17年整備法2条1項です。

　平成17年整備法2条1項は、次のように規定しています。

　「前条第3号の規定による廃止前の有限会社法（以下「旧有限会社法」という。）の規定による有限会社であってこの法律の施行の際現に存するもの（以下「旧有限会社」という。）は、この法律の施行の日（以下「施行日」という。）以後は、この節の定めるところにより、会社法（平成17年法律第86号）の規定による株式会社として存続するものとする。」■

1

Q2　旧有限会社は、なぜ株式会社といわず特例有限会社というのでしょうか。

Q　旧有限会社は、会社法の規定による株式会社になったわけですが、なぜ株式会社といわず、特例有限会社というのでしょうか。

A　旧有限会社法の規定により設立された有限会社で平成17年整備法施行の際（平成18年5月1日）現に存在するものは、会社法の規定による株式会社として存続することになりましたが、この株式会社に会社法のすべての規定を適用しますと、有限会社時代よりも厳しい規制になりますので、整備法は多くの経過措置および会社法の特則を設けました。株式会社といわず「特例有限会社」というのも、その特則の一つです（平成17年整備法3条1項・2項）。

解　説

　会社法は、旧商法第2編会社、旧有限会社法および株式会社の監査等に関する商法の特例に関する法律を統合して会社法とし、旧有限会社を会社法の規定による株式会社としました（平成17年整備法2条1項）。しかし、旧有限会社は、株式会社に比べ、一般的に閉鎖的（同族的）・少額資本の会社（会社法施行前においては、株式会社の最低資本金は1,000万円、旧有限会社の最低資本金は300万円でした。）であり、株式会社よりも規制が緩やかでした。そこで、旧有限会社に通常の株式会社と同様に会社法の規定を適用すると、旧有限会社法よりも厳しい規制になりますので、整備法は、多くの経過措置および特則を設けて旧有限会社に配慮しています。まず、商号について、平成17年整備法2条1項の規定により存続する株式会社は、会社法6条2項の規定（「株式会社は、その商号中に株式会社という文字を用いなければならない。」という規定）にかかわらず、その商号中に有限会社という文字を用いなければならないと規定し（平成17年整備法3条1項）、その有限会社を「特例有限会社」と称することにしています（平成17年整備法3条2項括弧書）。つまり、特例有限会社という名称は、

会社法の特則というわけです。

Q3　旧有限会社の社員、持分および出資一口は、どのようになったのでしょうか。

Q　旧有限会社が会社法の規定による株式会社として存続する場合、旧有限会社の社員、持分および出資一口は、それぞれどのようになったのでしょうか。

A　旧有限会社の社員は株主、持分は株式および出資一口は1株とみなされました（平成17年整備法2条2項）。

■ 解 説

旧有限会社法の規定により設立された有限会社であって会社法施行の日に存在するもの（旧有限会社）は、株式会社として存続するものとされました（平成17年整備法2条1項）ので、この場合、旧有限会社の社員は株主、持分は株式および出資一口は1株とみなされました（平成17年整備法2条2項）。

Q4　特例有限会社である株式会社の発行可能株式総数および発行済株式の総数は、どのように定められたのでしょうか。

Q　特例有限会社である株式会社の発行可能株式総数および発行済株式の総数は、どのように定められたのでしょうか。

A　特例有限会社である株式会社の発行可能株式総数および発行済株式の総数は、旧有限会社の資本の総額を当該旧有限会社の出資一口の金額で除して得た数とされ（平成17年整備法2条3項）、その登記は、登記官が職権でしました（平成17年整備法42条3項、136条16項1号）。

■ 解 説

特例有限会社である株式会社の発行可能株式総数および発行済株式の総数は、旧有限会社の資本の総額を当該旧有限会社の出資一口の金額で除して得た数とされ（平成17年整備法2条3項）、登記官が職権でこれらの登記をしました（平成17年整備法42条3項、136条16項1号）。

なお、特例有限会社は、発行可能株式総数の枠が満杯となっていますので、定款を変更して発行可能株式総数を変更しない限り、募集株式の発行はできないことに留意する必要があります。■

Q5　特例有限会社は、平成17年整備法施行後、必ず定款を変更しなければならないのでしょうか。

Q　特例有限会社は、整備法施行後、必ず定款を変更しなければならないのでしょうか。もし、変更しなければならないとすれば、いつまでに定款のどの箇所を変更しなければならないのでしょうか。具体例をあげてご教示ください。

A　旧有限会社の定款は、存続する株式会社の定款とみなされました（平成17年整備法2条2項）ので、特に定款を変更しなければならない箇所はありません。しかし、平成17年整備法6条が「特例有限会社は、会社法31条2項各号に掲げる請求に応じる場合には、当該請求をした者に対し、定款に記載又は記録がないものであっても、この節の規定により定款に定めがあるものとみなされる事項を示さなければならない。」と規定していますので、定款に定めがあるものとみなされる事項を示すことができるように措置しておく必要があると考えます。

なお、この措置として最も望ましいのは、整備法に対応した定款の書き換え（定款変更の手続は要しない。）です。

▓ 解 説

　旧有限会社法の規定により設立された有限会社であって会社法施行の日に存在するもの（旧有限会社）は、株式会社として存続するものとされ（平成17年整備法2条1項）、この場合、旧有限会社の定款は、存続する株式会社（特例有限会社）の定款とみなされました（平成17年整備法2条2項）。ただし、特例有限会社は会社法の規定による株式会社となったため、定款の記載または記録について多くの「みなし規定」が設けられており、平成17年整備法6条は「第2条第1項の規定により存続する株式会社は、会社法第31条第2項各号に掲げる請求に応じる場合には、当該請求をした者に対し、定款に記載又は記録がないものであっても、この節の規定により定款に定めがあるものとみなされる事項を示さなければならない。」と規定しています。これに該当するのは、定款の次の記載事項です。

　　1．発行可能株式総数（平成17年整備法2条3項）
　　2．公告の方法（平成17年整備法5条2項）
　　3．株式の譲渡制限（平成17年整備法9条1項）
　　4．種類株式の内容（平成17年整備法10条）
　　5．監査役の監査の範囲（平成17年整備法24条）

　そこで、定款が旧有限会社時代のままで、何ら手を加えていない（定款の書き換えも変更もしていない）場合は、以上の事項を加える定款の書き換えが一番簡便ですが、この機会に定款全般を見直し定款の変更をするのも一つの方法です。

　なお、登記申請書に定款の添付を要する場合に添付する定款も整備法6条の適用を受けるか否かという問題がありますが、平成17年整備法第1章第2節の規定により定款に定めがあるものとみなされた事項のほとんどは登記官に判明しますので、「定款に定めがあるものとみなされる事項」を示さない定款を添付しても補正の対象としない登記所が多いようです。▓

第2章　有限会社法の廃止に伴う経過措置

Q6　旧有限会社の定款における目的、商号および本店の所在地に関する記載または記録の取扱い

Q　旧有限会社の定款における旧有限会社法6条1項1号（目的）、2号（商号）および7号（本店の所在地）に関する記載または記録については、整備法ではどのように規定されているのでしょうか。

A　旧有限会社の定款における目的、商号および本店の所在地に関する記載または記録については、それぞれ存続する株式会社（特例有限会社）の定款における会社法27条1号から3号までに掲げる事項の記載または記録とみなすと規定されました（平成17年整備法5条1項前段）。

解　説

　旧有限会社の定款における旧有限会社法6条1項1号（目的）、2号（商号）および7号（本店の所在地）に関する記載または記録については、それぞれ存続する株式会社の定款における会社法27条1号（目的）、2号（商号）および3号（本店の所在地）に掲げる事項の記載または記録とみなされました。

　なお、商号については、会社法6条2項の「会社は、株式会社、合名会社、合資会社又は合同会社の種類に従い、それぞれその商号中に株式会社、合名会社、合資会社又は合同会社という文字を用いなければならない。」という規定にかかわらず、その商号中に有限会社という文字を用いなければならないとされていますので、定款の商号に関する定めも変更する必要はありません（平成17年整備法3条1項）。

Q7　旧有限会社の定款における資本の総額、出資一口の金額、社員の氏名および住所および各社員の出資の口数の記載の取扱い

Q　旧有限会社の定款における旧有限会社法 6 条 1 項 3 号（資本の総額）、4 号（出資一口の金額）、5 号（社員の氏名および住所）および 6 号（各社員の出資の口数）に掲げる事項の記載または記録については、平成17年整備法ではどのように規定されたのでしょうか。

A　ご質問の事項については、特例有限会社の定款に記載または記録がないものとみなすことにされました（平成17年整備法 5 条 1 項後段）。

▌解　説

　資本の総額、出資一口の金額、社員の氏名および住所および各社員の出資の口数は、旧有限会社の定款の絶対的記載事項とされていました（旧有限会社法 6 条 1 項 3 号・4 号・5 号・6 号）が、株式会社においては、これらはいずれも定款の記載事項とされていません（会社法27条参照）。そこで、整備法は「旧有限会社の定款における旧有限会社法第 6 条第 1 項第 3 号から第 6 号までに掲げる事項の記載又は記録は、第 2 条第 1 項の規定により存続する株式会社の定款に記載又は記録がないものとみなす。」と規定しました（平成17年整備法 5 条 1 項後段）。▌

　Ｑ 8　旧有限会社が定款に定める公告の方法の取扱い

Q　旧有限会社における旧有限会社法88条 3 項 1 号または 2 号に掲げる定款の定めは、平成17年整備法 2 条 1 項の規定により存続する株式会社の定款における会社法939条 1 項の規定による公告の方法の定めとみなすとされていますが、このことについて説明してください。

▌説　明

　旧有限会社が公告を要するのは、①法定準備金の減少、②資本の減少、③合併、④会社分割および⑤組織変更の場合に限られ、これらの公告がいずれも債権者に対する異議催告の公告であったところから、その公告の方法は、いずれ

も官報とされていました（旧有限会社法88条1項、旧商法289条4項、376条1項、412条1項、374条ノ4第1項、374条ノ20第1項、100条1項）が、これらの場合においては、いずれの場合も、知れたる債権者に対しては各別の催告を要するとされていました。ただし、以上の公告を官報のほか旧有限会社が定款に定める「時事に関する事項を掲載する日刊新聞紙」または「電子公告」によりなすときは、各別の催告は要しないとされていました（旧有限会社法88条1項、旧商法289条4項、376条1項、412条1項、374条ノ4第1項、374条ノ20第1項、旧有限会社法68条、旧商法100条4項）。そこで、旧有限会社がこれらの公告の方法として「時事に関する事項を掲載する日刊新聞紙」または「電子公告」を定めているときは（これは、旧有限会社法88条3項1号および2号により登記事項とされていました。）、特例有限会社である株式会社の定款における会社法939条1項の規定による公告の方法の定めとみなされ（平成17年整備法5条2項）、これらの登記は、登記官が職権ですることとされました（平成17年整備法42条5項・6項、136条16項3号）。

　なお、旧有限会社が以上の公告について異なる2以上の方法の定款の定めを設けている場合には、当該定款の定めは効力を有しません（平成17年整備法5条4項）ので、この場合には、当該旧有限会社の公告の方法は、官報に掲載する方法となります（平成18年3月31日民商782号民事局長通達）。■

▓　Q9　旧有限会社における予備的公告の方法　▓

> **Q**　旧有限会社における旧有限会社法88条3項3号に掲げる定款の定めは、平成17年整備法2条1項の規定により存続する株式会社の定款における会社法939条3項後段の規定による「予備的公告の方法の定め」とみなすとされていますが、このことについて説明してください。

■ 説　明

　旧有限会社が公告を要するのは、①法定準備金の減少、②資本の減少、③合併、④会社分割および⑤組織変更の場合に限られ、これらの公告はいずれも債

権者に対する異議催告の公告であったところから、その公告の方法は、いずれ
も官報とされていました（旧有限会社法88条 1 項、旧商法289条 4 項、376条 1 項、412
条 1 項、374条ノ 4 第 1 項、374条ノ20第 1 項、100条 1 項）が、これらの場合において
は、いずれの場合も知れたる債権者に対しては各別の催告を要するとされてい
ました。ただし、以上の公告を官報のほか旧有限会社が定款に定める「時事に
関する事項を掲載する日刊新聞紙」または「電子公告」によりするときは、各
別の催告は要しないとされていました（旧有限会社法88条 1 項、旧商法289条 4 項、
376条 1 項、412条 1 項、374条ノ 4 第 1 項、374条ノ20第 1 項、旧有限会社法68条、旧商法
100条 4 項）。そこで、旧有限会社がこれらの公告の方法として「電子公告」を
定めているときは、予備的公告の方法として「官報又は時事に関する事項を掲
載する日刊新聞」を定めることができ（これらの定めは、旧有限会社法88条 3
項 2 号および 3 号により登記事項とされていました。）、当該定めは、特例有限
会社である株式会社における会社法939条 3 項後段の規定による定めとみなす
とされました（平成17年整備法 5 条 3 項）。

　なお、以上の登記は、登記官が職権ですることとされています（平成17年整備
法42条 5 項・ 6 項、136条16項 3 号）。

Q10　会社法27条 4 号および 5 号の規定と株式会社である特例有限会社の定款の記載事項

Q　株式会社の定款の絶対的記載事項とされている①設立に際して出資される財産の価額またはその最低額および②発起人の氏名または名称および住所と株式会社である特例有限会社の定款の関係は、どうなるのでしょうか。

A　①設立に際して出資される財産の価額またはその最低額および②発起人の氏名または名称および住所は、通常の株式会社の定款の絶対的記載事項とされています（会社法27条 4 号・ 5 号）が、これらの規定は、特例

有限会社には、適用しないとされています（平成17年整備法5条5号）。したがって、①設立に際して出資される財産の価額またはその最低額および②発起人の氏名または名称および住所は、特例有限会社の定款に記載する必要はありません。

▌解　説

　①設立に際して出資される財産の価額またはその最低額および②発起人の氏名または名称および住所は、通常の株式会社の定款の絶対的記載事項とされています（会社法27条4号・5号）。そこで、特例有限会社も株式会社ですので、特例有限会社の定款にも①設立に際して出資される財産の価額またはその最低額および②発起人の氏名または名称および住所を記載しなければならないかどうかが問題になります。この点について、平成17年整備法5条5項は「会社法第27条第4号および第5号の規定は、第2条第1項の規定により存続する株式会社には、適用しない。」と規定しています。したがって、①設立に際して出資される財産の価額またはその最低額および②発起人の氏名または名称および住所は、特例有限会社の定款に記載する必要はありません。▌

▌Q11　旧有限会社の社員名簿は、どのように取り扱われるのでしょうか。

> **Q**　旧有限会社の社員名簿は、どのように取り扱われるのでしょうか。

　A　旧有限会社の社員名簿は、会社法121条に規定する株主名簿とみなすことにされました（平成17年整備法8条1項）。

▌解　説

　旧有限会社の社員名簿は、会社法121条に規定する株主名簿とみなされ、社員名簿における①「社員の氏名または名称および住所」の記載または記録は、株主名簿における「株主の氏名または名称および住所」の記載または記録と、②「社員の出資の口数」の記載または記録は、株主名簿における「株主の有す

る株式の数（種類株式発行会社にあっては、株式の種類および種類ごとの数）」とみなされました（平成17年整備法8条）。そこで、実務上は、これに対応した旧社員名簿の修正をするか、新しい株主名簿を作成するとよいでしょう。

Q12　旧有限会社の定款に持分に関する別段の定めがある場合、どのように取り扱われるのでしょうか。

 旧有限会社の定款に持分に関する別段の定めがある場合、どのように取り扱われるのか説明してください。

▌▌ 説 明

　旧有限会社の定款に次に掲げる規定に基づく別段の定めがある場合における当該定めに係る持分は、当該定めが持分の属性であるとき（人的属性でないとき）は、特例有限会社における当該各号に定める規定に掲げる事項についての定めがある種類の株式とみなされることになりました（平成17年整備法10条）。

一　旧有限会社法39条1項ただし書（議決権を行使することができる事項についての別段の定め）……会社法108条1項3号（議決権制限種類株式）

二　旧有限会社法44条（利益の配当についての別段の定め）……会社法108条1項1号（剰余金配当種類株式）

三　旧有限会社法73条（残余財産の分配に関する別段の定め）……会社法108条1項2号（残余財産分配種類株式）

　なお、この登記は、整備法施行の日（平成18年5月1日）から6か月以内に、申請によってしなければならないとされ、これを申請しないときは、過料の適用もあります（平成17年整備法42条8項〜11項、136条18項、会社法911条3項7号・9号、登免税法別表一の24㈠ツ）ので、要注意です。

Q13　会社法331条1項に規定する取締役の資格等に関する規定と特例有限会社

Q　会社法331条1項3号は、株式会社の取締役の資格について規定していますが、旧有限会社法の規定に違反して刑に処された者は、どうなるのでしょうか。

A　会社法331条1項の規定の適用については、旧有限会社法の規定に違反して刑に処された者は、会社法の規定に違反し、刑に処されたものとみなされます（平成17年整備法19条）。

▌▌解　説

　会社法331条1項3号は、会社法の規定に違反し、刑に処せられ、その執行を終り、またはその執行を受けることがなくなった日から2年を経過しない者は、取締役になることができないと規定しています。そこで、旧有限会社法の規定に違反し、刑に処された者は、どうなるかという問題がありますが、この点については、平成17年整備法19条は、旧有限会社法の規定に違反し、刑に処された者は、会社法の規定に違反し、刑に処されたものとみなすと規定しました。▌▌

Q14　旧有限会社が解散した場合における会社の継続および清算に関する経過措置

Q　旧有限会社が解散した場合における会社の継続および清算に関しては、整備法に何らかの経過措置が設けられているのでしょうか。もし、設けられていれば、その経過措置について説明してください。

▌▌説　明

　旧有限会社が、平成18年4月30日までに、①存立時期の満了その他定款に定めた解散事由の発生、②社員総会の決議、③会社の合併、④破産手続開始の決定または⑤解散を命ずる裁判により解散した場合には、当該特例有限会社の継

続および清算については、なお従前の例によることとされています（平成17年
整備法34条、旧有限会社法69条1項各号）。したがって、当該特例有限会社の継続お
よび清算については、旧有限会社法70条、71条、72条、73条、74条および75条
の規定に従うことになります。ただし、継続および清算に関する登記の登記事
項については、会社法の定めるところによることになります（平成17年整備法34
条但書）。

Q15　旧有限会社法の廃止に伴う特例有限会社の登記に関する経過措置

Q 　旧有限会社法の廃止に伴う特例有限会社の次に掲げる登記等につい
ては、どのような経過措置が設けられているのでしょうか。
　　1．旧有限会社の資本の総額の登記
　　2．資本の総額を除く旧有限会社法の規定による旧有限会社の登記
　　3．発行可能株式総数および発行済株式の総数
　　4．株式の譲渡制限の定めに関する登記
　　5．公告方法の定めの登記
　　6．公告方法の定めの登記がされている場合における予備的公告の
　　　方法の登記
　　7．公告方法の定めの登記がされていない場合における官報を公告
　　　の方法とする登記

A 　旧有限会社法の廃止に伴う特例有限会社のご質問の登記については、
次の解説の項で述べるような経過措置が設けられています（平成17年整備
法42条）。
　なお、1～2のように、「登記とみなす」場合には、登記官が、職権
でその登記をすることはありませんが、3～7のように、「登記された
ものとみなす」場合には、登記官が職権でその登記をしなければなりま

せん（平成17年整備法136条16項）。

▍解　説

1．資本の総額の登記

旧有限会社法の規定による旧有限会社の資本の総額の登記は、会社法の規定による特例有限会社の資本金の額の登記とみなされました（平成17年整備法42条1項）。そこで、登記とみなされましたので、登記官が、職権でその登記をすることはありません。

2．資本の総額の登記以外の旧有限会社法の規定による旧有限会社の登記

旧有限会社法の規定による旧有限会社の登記は、会社法の相当規定による特例有限会社の登記とみなされました（平成17年整備法42条2項）。これに該当するものには、①商号の登記、②本店の登記、③会社成立の年月日の登記、④目的の登記、⑤役員に関する登記、⑥支店の登記および⑦存続期間の定めの登記がありますが、これらの事項は、すべて会社法の相当規定による登記とみなされましたので、申請または職権で、登記官が何らかの登記をすることはありません。

3．発行可能株式総数および発行済株式の総数

特例有限会社の発行可能株式総数および発行済株式の総数については、旧有限会社の資本の総額を当該旧有限会社の出資1口の金額で除して得た数とされ（平成17年整備法2条2項）、その登記がされたものとみなされました（平成17年整備法42条3項）。そこで、登記官が、職権でこれらの登記をしました（平成17年整備法136条16項1号）。

4．株式の譲渡制限に関する定めの登記

特例有限会社の定款には、「その発行する全部の株式の内容として当該株式を譲渡により取得することについて当該特例有限会社の承認を要する旨及び当該特例有限会社の株主が当該株式を譲渡により取得する場合においては当該特例有限会社が会社法136条又は137条1項の承認をしたものとみなす」旨の定めがあるものとみなされ（平成17年整備法9条）、この定めが登記されたものとみなされました（平成17年整備法42条4項）。そこで、登記官が、職権でその登記をし

ました（平成17年整備法136条16項2号）。

5．旧有限会社法88条3項1号または2号に基づく公告の方法の登記の取扱
い

旧有限会社が、旧有限会社法88条3項1号または2号に掲げる定款の定め
（「時事に関する事項を掲載する日刊新聞紙」または「電子公告」）の登記をし
ている場合には、特例有限会社について、会社法911条3項28号および29号イ
に掲げる事項として、平成17年整備法5条2項の規定によりみなされた公告の
方法の定めが登記されたものとみなされました（平成17年整備法42条5項）。そこ
で、登記官が、職権でその登記をしました（平成17年整備法136条16項3号）。

6．旧有限会社法88条3項3号に基づく公告の方法の登記の取扱い

旧有限会社が、旧有限会社法88条3項3号に掲げる定款の定め（公告の方法
を「電子公告」と定めている旧有限会社の「予備的公告の方法」の定め）の登
記をしている場合には、特例有限会社について、会社法911条3項29号ロに掲
げる事項として、平成17年整備法5条3項の規定によりみなされた会社法939
条3項後段の規定による定めが登記されたものとみなされました（平成17年整備
法42条6項）。そこで、登記官が、職権でその登記をしました（平成17年整備法136
条16項3号）。

7．旧有限会社法88条3項1号もしくは2号に掲げる定款の定めの登記をし
ていない場合または平成17年整備法5条4項の規定に該当する場合の公告
の方法の登記の取扱い

旧有限会社が、旧有限会社法88条3項1号もしくは2号に掲げる定款の定め
の登記をしていない場合または平成17年整備法5条4項の規定に該当する場合
には、特例有限会社について、その本店所在地において、公告の方法を「官報
に掲載する方法」とする登記がされたものとみなされました（平成17年整備法42
条7項）。そこで、登記官が、職権でその登記をしました（平成17年整備法136条16
項3号）。

第3章 特例有限会社に関する会社法の特則

▦ Q16 株式会社である特例有限会社の商号に関する特則 ▦

Q 　会社法6条2項は「株式会社は、その商号中に株式会社という文字を用いなければならない。」と規定していますが、株式会社である特例有限会社も、その商号中に株式会社という文字を用いなければならないのでしょうか。

A 　特例有限会社も株式会社ですが、特例有限会社は、その商号中に株式会社という文字を用いることはできず、「特例有限会社という文字」を用いなければなりません（平成17年整備法3条1項・2項）。

　なお、特例有限会社が、その商号中に「株式会社」という文字を用いることを希望する場合は、定款を変更してその商号中に株式会社という文字を用いる商号の変更をして通常の株式会社への移行の登記を申請することになります（平成17年整備法45条、46条）。

▌▌ 解 説

1．特例有限会社の商号

　ご指摘のように会社法6条2項は「株式会社は、その商号中に株式会社という文字を用いなければならない。」と規定していますが、平成17年整備法3条1項が「整備法2条1項の規定により存続する株式会社は、会社法6条2項の規定にかかわらず、その商号中に有限会社という文字を用いなければならない。」と規定していますので、特例有限会社は、その商号中に株式会社という文字を用いる必要はなく、また用いることもできません。また特例有限会社は、その商号中に特例有限会社である株式会社以外の株式会社、合名会社、合資会社または合同会社であると誤認されるおそれのある文字を用いてはならないとされています（平成17年整備法3条2項）。

　なお、特例有限会社が、株式会社であると誤認されるおそれのある文字を用

いた場合は、100万円以下の過料に処されますので（平成17年整備法3条4項）、要注意です。

2．特例有限会社がその商号中に株式会社という文字を用いる方法

これについては、次のQ17をご参照ください。 ▮

Q17　特例有限会社がその商号中に株式会社という文字を用いるには、どのようにすればよいでしょうか。

Q 特例有限会社も、会社法上の株式会社とのことですが、どのようにすれば特例有限会社が商号に株式会社という文字を用いることができるのでしょうか。

A 特例有限会社が商号に株式会社という文字を用いるためには、その商号中に株式会社という文字を用いる定款の変更をして、特例有限会社の通常の株式会社への移行の登記を申請することになります（平成17年整備法45条、46条）。

▮ **解 説**

特例有限会社は、会社法上の株式会社ですが、商号中に用いることが義務付けられている会社の種類を表す文字は、依然として有限会社です（平成17年整備法3条1項）。そこで、特例有限会社が商号に株式会社という文字を用いるためには、定款を変更してその商号中に株式会社という文字を用いる商号の変更をして、特例有限会社の通常の株式会社への移行の登記を申請することになります（平成17年整備法45条）。この移行の登記においては、特例有限会社については解散の登記をし、商号変更後の株式会社については設立の登記を申請することになります（平成17年整備法46条）。

なお、手続の詳細については各論第2章の「Q58　特例有限会社が商号を変更して通常の株式会社へ移行する場合の登記申請の方法」（97頁）をご覧ください。 ▮

Q18　特例有限会社が定款の閲覧または謄本の交付の請求に応じる場合には、どのような点に留意すればよいでしょうか。

> **Q**　特例有限会社が株主または債権者から定款の閲覧の請求または定款の謄本または抄本の交付の請求を受けた場合に、これに応じるには、どのような点に留意すればよいでしょうか。

A　特例有限会社が定款の閲覧または謄本の交付等の請求に応じる場合には、当該請求をした者に対し、定款に記載または記録がない場合であっても、整備法の規定により定款に定めがあるものとみなされる事項、例えば発行可能株式総数、株式の譲渡制限の定め等はこれを閲覧者に示し、定款の謄本等にはこれを記載しなければなりません（平成17年整備法6条）。したがって、整備法の規定により定款に定めがあるものとみなされる事項を定款に記載する定款の手直しが未了の特例有限会社は、平成17年整備法施行後すでに16年余が経過しましたので、すみやかに平成17年整備法の規定に対応する定款の手直しをすべきものと考えます。定款の手直しの方法等については、「第5章　特例有限会社の定款の手直し」（43頁）をご参照ください。

■ 解　説

1．定款の閲覧、謄本等の請求

　株式会社は、定款をその本店および支店に備え置かなければならないとされています（会社法31条1項）。そこで、株主および債権者は、会社の営業時間内は、いつでも、①定款が書面をもって作成されているときは、当該書面の閲覧の請求、②①の書面の謄本または抄本の交付の請求、③定款が電磁的記録をもって作成されているときは、当該電磁的記録に記録されている事項を紙面または映像面に表示したもの（会社法施行規則226条1号）の閲覧の請求、④③の電磁的記録に記録された事項を電磁的方法であって会社で定めたものにより提供することの請求またはその事項を記載した書面の交付の請求をすることができます

18

（会社法31条2項）。ただし、②または④の請求をするには、会社の定めた費用を支払わなければなりません（会社法31条2項ただし書）。

2．特例有限会社と定款に定めがあるものとみなされた事項

平成17年整備法6条に規定する「定款に定めがあるものとみなされた事項」には、次の事項があります（郡谷大輔『中小会社・有限会社の新・会社法』48頁以下（商事法務、2006年））。

(1)　発行可能株式総数（平成17年整備法2条3項）

(2)　公告方法の定め（平成17年整備法5条2項）

(3)　株式の譲渡制限の定め（平成17年整備法9条）

(4)　種類株式の定め（平成17年整備法10条）

(5)　監査役の監査範囲の定め（平成17年整備法24条）

(1)および(3)の定めは、どの特例有限会社にもありますが、その他は特定の条件に該当する場合にのみ存在することになります。

3．定款に定めがあるものとみなされた事項の措置

定款に定めがあるとみなされた場合は、定款の閲覧等の請求に応じるときは、たとえ定款に記載または記録していない事項であっても、定款に記載または記録があるものとみなされた事項を示さなければなりません（平成17年整備法6条）。したがって、謄本を交付する場合は、その事項を記載または記録し、抄本を交付する場合には、必要に応じてその事項を記載または記録することになります。そこで、いまだ定款の手直しが未了の特例有限会社は、閲覧等の請求に的確に対応できるよう、すみやかに平成17年整備法の規定に対応する定款の手直しをしておくべきものと考えます。■

Q19　特例有限会社と株式の譲渡制限の定めに関する特則

Q　特例有限会社の定款には、その発行する全部の株式の内容として当該株式を譲渡により取得することについて当該特例有限会社の承認を要する旨の定めがあるものとみなされるとのことですが、このことに

> ついて、説明してください。

▮▮ 説 明

1．特例有限会社と譲渡制限の定め

特例有限会社の定款には、その発行する全部の株式の内容として当該株式を譲渡により取得することについて当該特例有限会社の承認を要する旨および当該特例有限会社の株主が当該株式を譲渡により取得する場合においては当該特例有限会社が会社法136条または137条1項の承認をしたものとみなす旨の定めがあるものとみなされました（平成17年整備法9条1項）。これは、旧有限会社法19条の規定に対応するためと思われます。そこで、この登記は、登記官が職権ですることとされました（平成17年整備法42条4項、136条16項2号）。

なお、登記官の職権による登記は、「株式の譲渡制限に関する規定」として、次のように記録されています（平成18年4月26日民商1110号商事課長通知）。

「当会社の株式を譲渡により取得することについて当会社の承認を要する。

当会社の株主が当会社の株式を譲渡により取得する場合においては当会社が承認をしたものとみなす。

平成17年法律第87号
第136条の規定により平
成18年5月1日登記　」

2．譲渡制限の定めの変更の可否

特定有限会社は、その発行する全部または一部の株式の内容として、前記の定めと異なる内容の定めを設ける定款の変更をすることはできません（平成17年整備法9条2項）。▮

Q20　平成26年会社法の改正により特例有限会社についても「監査役の監査の範囲を会計に関するものに限定する旨の定めの登記」の申請が必要でしょうか。

Q　監査役を置く旨の定款の定めがある特例有限会社の定款には、会社法389条 1 項の規定による定め（監査役の監査の範囲を会計に関するものに限定する旨の定め）があるものとみなされていますが、平成26年の会社法の改正の結果、特例有限会社についても監査役の監査の範囲の限定に係る登記を申請する必要があるのでしょうか。

A　監査役を置く旨の定款の定めがある特例有限会社の定款には、会社法389条 1 項の規定による定め、すなわち「監査役の監査の範囲を会計に関するものに限定する」旨の定款の定めがあるものとみなされました（平成17年整備法24条）。しかし、定款の定めによる「監査役の監査の範囲を会計に関するものに限定する」旨の定めは、登記事項とはされていませんでしたが、通常の株式会社については平成26年の会社法の改正により、「監査役の監査の範囲を会計に関するものに限定する」旨の定款の定めが登記事項に追加されました（改正会社法911条 3 項17号イ、改正会社法附則22条 1 項）。

　ところが、特例有限会社については、「監査役の監査の範囲を会計に関するものに限定する」旨の定めは、登記事項として追加されませんでした（平成26年改正整備法（平成17年法律87号）43条）。したがって、特例有限会社は、「監査役の監査の範囲を会計に関するものに限定する」旨の定めの登記（監査役の監査の範囲の限定に係る登記）の申請をする必要はありません。ただし、「監査役の監査の範囲を会計に関するものに限定する」旨の定款の定めがある旨の定款の手直しをしてない場合は、この機会に必ず定款の手直しをしてください。

■ **解 説**

1．監査役の監査の範囲を会計に関するものに限定する旨の定款の定めと通常の株式会社

公開会社でない株式会社（監査役会設置会社および会計監査人設置会社を除

く。）は、その監査役の監査の範囲を会計に関するものに限定する旨を定款で定めることができるとされています（会社法389条1項）。ところが、会社法2条9号に規定する監査役設置会社の用語の意義が「監査役を置く株式会社（その監査役の監査の範囲を会計に関するものに限定する旨の定款の定めがあるものを除く。）又はこの法律の規定により監査役を置かなければならない株式会社」と規定されているにも関わらず、登記事項を規定する会社法911条3項17号は、「監査役設置会社」を「監査役の監査の範囲を会計に関するものに限定する旨の定款の定めがある株式会社を含む。」と規定し、かつ、監査役の監査の範囲を会計に関するものに限定する旨の定款の定めがある監査役か否かを登記事項としなかったため、登記簿から、会計監査限定監査役か否かが判明せず公示上の問題点として指摘されていました。そこで、平成26年の会社法の改正により監査役の監査の範囲が登記事項として追加されることになりました（会社法911条3項17号イ）。したがって、改正会社法施行後は、監査役の監査の範囲を会計に関するものに限定する旨の定款の定めがある株式会社は、「監査役の監査の範囲を会計に関するものに限定する旨の定款の定めがある」旨の登記の申請をする必要がありますが、改正会社法施行の際現に監査役の監査の範囲を会計に関するものに限定する旨の定款の定めがある株式会社は、改正会社法施行後最初に監査役が就任し、または退任するまでの間は、その旨の登記を申請する必要はありません（平成26年改正会社法附則22条1項）。ただし、その前でも登記申請は可能です。

2．監査役の監査の範囲を会計に関するものに限定する旨の定めと特例有限会社

　監査役を置く旨の定款の定めのある特例有限会社の定款には、会社法389条1項の規定による定め、すなわち「監査役の監査の範囲を会計に関するものに限定する」旨の定款の定めがあるものとみなされました（平成17年整備法24条）。しかし、特例有限会社においても通常の株式会社と同様、「監査役の監査の範囲」が登記事項とされていませんでしたので、その登記をする必要はありませんでした。

　ところが、通常の株式会社については、前述のように、平成26年の会社法の改正により、「監査役の監査の範囲を会計に関するものに限定する」旨の定めが登記事項に追加されました（会社法911条３項17号イ）が、特例有限会社については、登記事項に追加されませんでした（平成26年改正整備法（平成17年法律87号）43条）。したがって、特例有限会社は、「監査役の監査の範囲を会計に関するものに限定する」旨の登記の申請をする必要はありません。ただし、特例有限会社の定款には、「監査役の監査の範囲を会計に関するものに限定する」旨の定めがあるものとみなされましたので、いまだその旨の定款の手直しをしてない場合は、この機会に必ず定款の手直しをしてください。■

Q21　特例有限会社の株主による株主総会の招集に関する特則

Q　特例有限会社の株主による株主総会の招集の請求については、通常の株式会社の株主による株主総会の招集の請求に関する会社法297条の規定は適用されず、平成17年整備法14条１項の規定に従うとのことですが、平成17年整備法14条１項は、どのように規定しているのでしょうか。

A　特例有限会社においては、総株主の議決権の10分の１以上を有する株主は、取締役に対し、株主総会の目的である事項および招集の理由を示して、株主総会の招集を請求することができます（平成17年整備法14条１項）。ただし、定款に別段の定めがある場合は、その定めに従います。

■ 解説

1．通常の株式会社における株主による株主総会招集の請求

　通常の株式会社における株主による株主総会の招集の請求は、総株主の議決権の100分の３（これを下回る割合を定款に定めた場合にあっては、その割合）以上の議決権を６か月（これを下回る期間を定款に定めた場合にあっては、その期間）前から引き続き有する株主が、取締役に対し、株主総会の目的である

事項（当該株主が議決権を行使することができる事項に限る。）および招集の理由を示してすることができます（会社法297条1項）。ただし、公開会社でない株式会社においては、「6か月（これを下回る期間を定款に定めた場合にあっては、その期間）前から引き続き有する」とあるのは、単に「有する」とされています（会社法297条2項）。

2．特例有限会社における株主による株主総会招集の請求

特例有限会社における株主による株主総会の招集の請求は、総株主の議決権の10分の1以上を有する株主が、取締役に対し、株主総会の目的である事項および招集の理由を示して、することができます。ただし、定款に別段の定めがある場合は、その定めに従うことになります（平成17年整備法14条1項）。

3．特例有限会社の株主による株主総会の招集

前記2の請求をした特例有限会社の株主は、次に掲げる場合には、裁判所の許可を得て、株主総会を招集することができます（平成17年整備法14条2項）。

① 　株主による株主総会招集の請求後遅滞なく招集の手続が行われない場合

② 　株主による株主総会招集の請求があった日から8週間（これを下回る期間を定款で定めた場合にあっては、その期間）以内の日を株主総会の日とする株主総会の招集の通知が発せられない場合■■

Q22　特例有限会社の株主総会の特別決議に関する特則

> **Q**　特例有限会社の株主総会の特別決議の要件等は、通常の株式会社に比べ相当厳しいといわれています。
>
> 　そこで、以上のことについて説明してください。

■ 説　明

1．特例有限会社の株主総会の特別決議の要件

特例有限会社の株主総会の特別決議（会社法309条2項に規定する決議）については、次のように規定され、通常の株式会社に比べ、定足数、決議要件が

加重されていますので注意する必要があります（平成17年整備法14条3項）。

　(1)　平成17年整備法14条3項による会社法309条2項の特則

　平成17年整備法14条3項は、次のように規定しています。

　「③　特例有限会社の株主総会の決議については、会社法第309条第2項中『当該株主総会において議決権を行使することができる株主の議決権の過半数（3分の1以上の割合を定款で定めた場合にあっては、その割合以上）を有する株主が出席し、出席した当該株主の議決権の3分の2』とあるのは、『総株主の半数以上（これを上回る割合を定款で定めた場合にあっては、その割合以上）であって、当該株主の議決権の4分の3』とする。」

　(2)　特例有限会社の株主総会の特別決議の要件

　そこで、特例有限会社の株主総会の特別決議（会社法309条2項に規定する決議）の要件を分かりやすく述べれば、次のようになります。

　「総株主の半数以上（これを上回る割合を定款で定めた場合にあっては、その割合以上）であって、当該株主の議決権の4分の3（これを上回る割合を定款で定めた場合にあっては、その割合）以上に当たる多数をもって行わなければならない。この場合においては、当該決議の要件に加えて、一定の数以上の株主の賛成を要する旨その他の要件を定款で定めることを妨げない。」

　つまり、特例有限会社の株主総会の特別決議の要件として、①総株主の半数以上（これを上回る割合を定款で定めた場合にあっては、その割合以上）という頭数要件があり、かつ②総株主の議決権の4分の3（これを上回る割合を定款で定めた場合にあっては、その割合）以上、すなわち総株主の議決権の75％以上の賛成という極めて厳しい要件が規定されています。総株主の半数以上で、議決権の75％以上の賛成という要件をクリアすることは、将来、相続等によって株主が増加し、株式が分散すると大変ではないでしょうか。

　2．通常の株式会社の特別決議の要件

　そこで、将来特別決議（会社法309条2項に規定する決議）が必要となる特例有限会社が、特別決議の要件をクリアできないおそれがある場合は（相続が発生した場合を想定してください。相続によって株主が増加すると、総株主の

半数以上という頭数要件のクリアが大変になります。)、通常の株式会社の特別決議の要件の方が、次のとおり特例有限会社の決議要件より緩和されていますので、商号を変更して通常の株式会社へ移行しておくとよいと考えます。

（通常の株式会社の特別決議の要件）

「当該株主総会において議決権を行使できる株主の議決権の過半数（3分の1以上の割合を定款で定めた場合にあっては、その割合以上）を有する株主が出席し、出席した当該株主の議決権の3分の2（これを上回る割合を定款で定めた場合にあっては、その割合）以上に当たる多数をもって行わなければならない。この場合においては、当該決議の要件に加えて、一定の数以上の株主の賛成を要する旨その他の要件を定款で定めることを妨げない。」▮▮▮

Q23　少数株主権の行使における議決権制限種類株式についての特別の定め

Q　特例有限会社は、少数株主権の行使における議決権制限種類株式に関し、議決権を有しないものとする旨を定款で定めることができるとされています（平成17年整備法14条4項）が、この趣旨について説明してください。

▮▮ 説　明

特例有限会社は、会社法108条1項3号に掲げる事項、すなわち議決権を行使することができる事項について異なる定めをした内容の異なる種類の株式（議決権制限種類株式）に関し、その株式を有する株主が総株主の議決権の10分の1以上を有する株主の権利行使（いわゆる少数株主権の行使）についての規定の全部または一部の適用については議決権を有しないものとする旨を定款で定めることができるとされました（平成17年整備法14条4項）。これは、旧有限会社法39条が以下のように規定していましたが、会社法には同旨の規定が設けられていないところから、特例有限会社においても、同様の措置を取ることが

できるよう、議決権制限種類株式については、定款の定めにより、少数株主権行使要件の判断基準となる議決権の数に参入しないものとすることを認めることにしたものといわれています（山本憲光『立案担当者による新・会社法の解説』232頁（商事法務、2006年））。

旧有限会社法39条　各社員ハ出資一口ニ付一個ノ議決権ヲ有ス但シ定款ヲ以テ議決権ノ数又ハ議決権ヲ行使スルコトヲ得ベキ事項ニ付別段ノ定ヲ為スコトヲ妨ゲズ

②　会社ハ定款ヲ以テ前項但書ノ規定ニ依リ議決権ヲ行使スルコトヲ得ベキ事項ニ付別段ノ定ヲ為シタル持分ニ関シ之ヲ有スル社員ガ総社員ノ議決権ノ10分ノ1以上ヲ有スル社員ノ権利ノ行使ニ付テノ規定ノ全部又ハ一部ノ適用ニ付議決権ヲ有セザルモノトスル旨ヲ定ムルコトヲ得但シ電磁的方法ニ依ル決議ニ係ル承諾ニ付イテハ政令ニ定ムル所ニ依ルコトヲ要ス

Q24　特例有限会社の株主総会に関する会社法の規定の一部適用除外には、どのような規定があるのでしょうか。

Q　特例有限会社の株主総会について、適用されない会社法の規定には、どのような規定があるのでしょうか。

A　特例有限会社については、会社法297条（株主による株主総会招集の請求）、301条（株主総会参考書類および議決権行使書面の交付等）、302条（株主総会参考書類および議決権行使書面の交付等）、303条（株主提案権）、304条（株主提案権）、305条（株主提案権）、306条（株主総会の招集手続等に関する検査役の選任）、307条（裁判所による株主総会招集等の決定）までの規定は、適用されません（平成17年整備法14条5項）。

Q25　特例有限会社は、どのような機関を設置することができるのでしょうか。

■**Q**　特例有限会社には、株主総会のほかにどのような機関を設置することができるのでしょうか。

■**A**　特例有限会社は、機関として①株主総会のほかに②取締役を設置しなければなりませんが、監査役は、定款にこれを置く旨定めた場合に限って設置することができます。

■**解　説**

　特例有限会社は、機関として①株主総会および②取締役を設置しなければなりません。監査役は、定款にこれを設置する旨定めた場合に限って設置することができますが、取締役会、会計参与、監査役会、会計監査人、監査等委員会または指名委員会等は、たとえ定款に定めても設置することができません（平成17年整備法17条1項）。また、たとえ大会社であっても会計監査人の設置義務はありません（平成17年整備法17条2項）。■

Q26　特例有限会社の取締役または監査役については、会社法の取締役等の任期に関する規定は適用されませんか。

■**Q**　特例有限会社の取締役または監査役については、会社法に規定する取締役の任期および監査役の任期に関する規定は、適用されないと解して差し支えありませんか。

■**A**　差し支えありません（平成17年整備法18条）。

■**解　説**

　特例有限会社については、会社法332条（取締役の任期）、336条（監査役の任期）および343条（監査役の選任に関する監査役の同意等）の規定は、適用しないとされています（平成17年整備法18条）。したがって、特例有限会社の取締役、定款の定めにより監査役を置く場合の監査役には、旧有限会社法時代と同

様、法律上任期の定めがなく、無期限ということになります。ただし、定款に任期の定めを設けた場合には、その定めに従うことになります。∎∎

> **Q27　会社法に規定する取締役に関する規定の中で、任期以外に特例有限会社の取締役に適用されない規定には、どのような規定がありますか。**

Q　会社法に規定する取締役に関する規定の中で、任期以外に特例有限会社の取締役に適用されない規定には、どのような規定がありますか。

A　特例有限会社の取締役については、会社法348条3項（業務の執行の決定の委任の可否）および4項（内部統制システムの構築に関する事項の決定）ならびに357条（取締役の報告義務）の規定は、適用されません（平成17年整備法21条）。

> **Q28　特例有限会社の業務の執行に関する検査役の選任に関する特則**

Q　特例有限会社の業務の執行に関する検査役の選任に関する規定については、どのような会社法の特則が規定されているのでしょうか。

∎∎ **説　明**

　会社法358条1項は、検査役の選任の申立てをすることができる株主を以下のように規定していますが、特例有限会社の場合は、総株主の議決権の10分の1以上の議決権を有する株主とされています（平成17年整備法23条）。これは、旧有限会社法の規定に合わせたものです（旧有限会社法45条1項）。

　会社法358条1項

　「株式会社の業務の執行に関し、不正の行為又は法令若しくは定款に違反す

る重大な事実があることを疑うに足りる事由があるときは、次に掲げる株主は、当該株式会社の業務及び財産の状況を調査させるため、裁判所に対し、検査役の選任の申立てをすることができる。

一　総株主（株主総会において決議をすることができる事項の全部につき議決権を行使することができない株主を除く。）の議決権の100分の3（これを下回る割合を定款で定めた場合にあっては、その割合）以上の議決権を有する株主

二　発行済株式（自己株式を除く。）の100分の3（これを下回る割合を定款で定めた場合にあっては、その割合）以上の数の株式を有する株主」▐▐

Q29　特例有限会社の会計帳簿の閲覧等の請求等に関する特則

Q　特例有限会社の会計帳簿等の閲覧の請求は、通常の株式会社の場合と同様に考えればよろしいでしょうか。

A　特例有限会社の会計帳簿等の閲覧の請求は、通常の株式会社の場合と異なりますが、その具体的な相違点については、次の解説の項を参照してください。

▐▐ 解 説

1．通常の株式会社の会計帳簿の閲覧等

通常の株式会社における会計帳簿の閲覧等の請求等に関する規定は、以下のとおりです。

(1)　会社法433条1項関係

通常の株式会社においては、総株主（株主総会において決議をすることができる事項の全部につき議決権を行使することができない株主を除く。）の議決権の100分の3（これを下回る割合を定款に定めた場合にあっては、その割合）以上の議決権を有する株主または発行済株式（自己株式を除く。）の100分の3（これを下回る割合を定款に定めた場合にあっては、その割合）以上の数の株

30

式を有する株主は、株式会社の営業時間内は、いつでも、会計帳簿等の閲覧の請求をすることができるとされています。

(2)　会社法433条 3 項関係

通常の株式会社においては、株式会社の親会社社員は、その権利を行使するため必要があるときは、裁判所の許可を得て、会計帳簿またはこれに関する資料について第 1 項各号に掲げる請求をすることができます。この場合においては、当該請求の理由を明らかにしてしなければなりません。

２．特例有限会社の会計帳簿の閲覧等

特例有限会社の会計帳簿等の閲覧の請求等に関しては、以下のような特則が設けられています（平成17年整備法26条 1 項）。

(1)　会社法433条 1 項関係

特例有限会社においては、<u>総株主の議決権の10分の 1 以上の議決権を有する株主は</u>、株式会社の営業時間内は、いつでも、会計帳簿等の閲覧の請求をすることができます。

(2)　会社法433条 3 項関係

特例有限会社においては、<u>株式会社の親会社社員であって当該親会社の総株主の議決権の10分の 1 以上を有するものは</u>、その権利を行使するため必要があるときは、裁判所の許可を得て、会計帳簿またはこれに関する資料について第 1 項各号に掲げる請求をすることができます。この場合においては、当該請求の理由を明らかにしてしなければなりません。■

Q30　特例有限会社は、計算書類の公告および支店備置きの義務はないのでしょうか。

Q　特例有限会社は、計算書類の公告および計算書類等の支店備置きの義務はないのでしょうか。

A　特例有限会社は、計算書類の公告および支店備置きの義務はありませ

ん（平成17年整備法28条）。

■■ **解　説**

　特例有限会社については、会社法440条（計算書類の公告）および442条2項（計算書類等の支店備置き）の規定は、適用しないこととされています（平成17年整備法28条）。したがって、特例有限会社は、計算書類の公告および支店に備置きをする義務はありません。■■

Q31　特例有限会社には、休眠会社のみなし解散に関する規定は適用されないのでしょうか。

Q　特例有限会社については、会社法472条に規定する休眠会社のみなし解散に関する規定は適用されないのでしょうか。

A　特例有限会社については、会社法472条に規定する休眠会社のみなし解散に関する規定は適用されません。

■■ **解　説**

　特例有限会社については、会社法472条の規定は適用されないこととされています（平成17年整備法32条）ので、特例有限会社については、休眠会社のみなし解散の制度はありません。これは、特例有限会社の取締役には、法定の任期もなく、定期的に申請しなければならない登記もありませんので、登記簿から休眠状態にあることが判明しないためです。■■

Q32　清算株式会社である特例有限会社には、どのような機関が設置されるのでしょうか。

Q　清算株式会社である特例有限会社には、株主総会以外にどのような機関が設置されるのでしょうか。

A　清算株式会社である特例有限会社に必ず設置しなければならない機関は、株主総会および清算人ですが、定款に定めれば監査役も設置することができます（平成17年整備法33条1項）。

■■ 解　説

1．特例有限会社の清算と登記事項

(1)　平成18年4月30日までに解散した場合

旧有限会社が、平成18年4月30日までに、①存立時期の満了その他定款に定めた解散事由の発生および②社員総会の決議により解散した場合には、当該特例有限会社の継続および清算については、なお従前の例によることとされています（平成17年整備法34条、旧有限会社法69条1項各号、70条）。したがって、当該特例有限会社の継続および清算については、旧有限会社法70条、71条、72条、73条、74条および75条の規定に従うことになります。ただし、継続および清算に関する登記の登記事項については、会社法の定めるところによることになります（平成17年整備法34条但書）。

(2)　平成18年5月1日以降に解散した場合

特例有限会社が平成17年整備法施行後（平成18年5月1日以降）に解散した場合は、当該特例有限会社の解散および清算は、会社法の規定に従うことになりますが、清算特例有限会社の機関については、次に述べるような特則が設けられています。

2．清算特例有限会社の機関

清算株式会社である特例有限会社には、機関として、清算人（会社法477条1項）および株主総会が設置されますが、清算人および株主総会以外の機関の設置については、平成17年整備法33条1項が、会社法477条2項中「清算人会、監査役又は監査役会」とあるのは、「監査役」とすると規定していますので、清算特例有限会社の機関は、株主総会、清算人および監査役ということになります。ただし、監査役は、定款にこれを設置する旨の定めがある場合に限って設置することができ（会社法477条2項）、解散前に就任している監査役は、特例

有限会社の解散によって退任することはないと考えます（会社法480条参照）。■

Q33 清算株式会社である特例有限会社の清算人の解任

Q 　会社法478条2項から4項までの規定により裁判所が選任した特例有限会社の清算人を、株主総会の決議で解任することができるでしょうか。

　もし、解任できない場合は、利害関係人から、裁判所に対して清算人解任の申立てをすることになるのでしょうか。

A 　1．会社法478条2項から4項までの規定により裁判所が選任した特例有限会社の清算人を、株主総会の決議で解任することはできません（会社法479条1項括弧書）。

　2．裁判所に対する清算人解任の申立てをすることはできますが、この場合は、利害関係人ではなく、株主の申立てによってすることになります（会社法479条2項、平成17年整備法33条2項）。

■ 解 説

1．裁判所が選任した特例有限会社の清算人の解任

　会社法478条2項から4項までの規定により裁判所が選任した特例有限会社の清算人を、株主総会の決議で解任することはできません（会社法479条1項括弧書）。これは、清算人となる者がいないために裁判所が選任した清算人を、株主総会が自由に解任できるとすると再度清算人選任の必要が生じ、裁判所による清算人選任制度の趣旨を否定することになるためと思われます。

2．裁判所に対する清算人解任の申立て

　裁判所に対する清算人解任の申立ては、利害関係人ではなく、株主の申立てによってすることになります（会社法479条2項、平成17年整備法33条2項）。■

Q34 特別清算に関する規定の適用除外理由は、何でしょうか。

Q 　特例有限会社については、何故、会社法第２編第９章第２節に規定する特別清算の制度が適用されないのでしょうか。

A 　特例有限会社については、会社法第２編第９章第２節の規定（特別清算）は、適用されません（平成17年整備法35条）。これは、旧有限会社法に特別清算の制度が存在しなかったためです。

Q35　特例有限会社は、何故、吸収合併存続会社または吸収分割承継会社になることができないのでしょうか。

Q 　特例有限会社は、会社法749条１項に規定する吸収合併存続会社または同法757条に規定する吸収分割承継会社になることはできないとされていますが、これは何故でしょうか。

A 　特例有限会社は、会社法施行後における旧有限会社の運営の継続性および安定性を確保するために認められた例外的な制度にすぎませんので、組織再編行為の受け皿となる役割まで持たせることは相当でないとの判断によるものと思われます。

■■ 解 説

　特例有限会社は、会社法749条１項に規定する吸収合併存続会社または同法757条に規定する吸収分割承継会社になることはできないとされています（平成17年整備法37条）が、これは、特例有限会社は、会社法施行後における旧有限会社の運営の継続性および安定性を確保するために認められた例外的な制度にすぎませんので、組織再編行為の受け皿となる役割まで果たすことは期待されておらず、会社法の規定と内容の異なる諸々の特則の適用を受ける特例有限会社にそのような役割を持たせることは相当でない（山本憲光『立案担当者による新・会社法の解説』234頁（商事法務、2006年））との判断によるものです。■■

Q36　特例有限会社に株式交換および株式移転に関する規定が適用されないのは、何故でしょうか。

Q　特例有限会社については、会社法第5編第4章ならびに第5章中株式交換および株式移転の手続に係る部分の規定が適用されないのは、何故でしょうか。

A　特例有限会社は、会社法施行後における旧有限会社の運営の継続性および安定性を確保するために認められた例外的な制度にすぎませんので、Q35と同じ理由により適用しない（平成17年整備法38条）とされたものです（山本憲光『立案担当者による新・会社法の解説』234頁（商事法務、2006年））。

Q37　特例有限会社の役員の解任の訴えに関する特則

Q　特例有限会社の役員の解任の訴えを提起できる者は、通常の株式会社の場合と比べて、どこが異なるのでしょうか。

A　特例有限会社の役員の解任の訴えについては、提訴できる株主が通常の株式会社の場合と異なり、「総株主の議決権の10分の1以上の議決権を有する株主」とされています（平成17年整備法39条）。詳細は、解説の項を参照してください。

■■ 解　説

1．役員解任の訴えの意義および要件

　役員解任の訴えとは、役員（役員とは「取締役、会計参与および監査役」をいいますが、特例有限会社には、会計参与を設置することはできませんので、特例有限会社においては、役員とは「取締役および監査役」をいうことになります。）の①職務の執行に関し不正の行為または法令もしくは定款に違反する重大な事実があったにもかかわらず、②当該役員を解任する旨の議案が株主総

会で否決されたときまたは③当該役員を解任する旨の株主総会の決議が会社法323条の規定により効力を生じないとき（役員の解任について、種類株主総会の決議を要する場合に、その決議が得られないとき）に、④次の2に述べる株主が、会社法854条1項の規定に基づき、⑤当該株主総会の日から30日以内にする役員の解任を求める訴えをいいます。

2．通常の株式会社において、役員解任の訴えを提起できる株主

通常の株式会社において、役員解任の訴えを提起できる株主は、次のとおりです（会社法854条1項1号・2号）。

(1)　総株主（次の①および②に掲げる株主を除く。）の議決権の100分の3（これを下回る割合を定款で定めた場合にあっては、その割合）以上の議決権を6か月（これを下回る期間を定款で定めた場合にあっては、その期間）前から引き続き有する株主（次に掲げる株主を除く。）。なお、公開会社でない株式会社は、「6か月前から引続き所有する」必要はありません（会社法854条2項）。

　①　当該役員を解任する旨の議案について議決権を行使することができない株主

　②　当該請求に係る役員である株主

(2)　発行済株式（次の①および②に掲げる株主の所有する株式を除く。）の100分の3（これを下回る割合を定款で定めた場合にあっては、その割合）以上の数の株式を6か月（これを下回る期間を定款で定めた場合にあっては、その期間）前から引き続き有する株主（次に掲げる株主を除く。）。なお、公開会社でない株式会社は、「6か月前から引続き所有する」必要はありません（会社法854条2項）。

　①　当該株式会社である株主

　②　当該請求に係る役員である株主

3．特例有限会社において、役員の解任の訴えを提起できる株主

特例有限会社において、当該特例有限会社の役員（取締役および監査役）の解任の訴えを提起できる株主は、通常の株式会社の場合と異なり、「総株主の議

決権の10分の１以上の議決権を有する株主」です（会社法854条１項１号・２号、平成17年整備法39条）。

Q38　特例有限会社の取締役・代表取締役および監査役の登記の登記事項に関する特則

Q　旧有限会社法の廃止に伴い旧有限会社の取締役の登記事項である「取締役の氏名および住所」、代表取締役の登記事項である「代表取締役の氏名」および監査役の登記事項である「監査役の氏名および住所」の登記と、会社法911条３項13号、14号および17号との関係は、どのようになるのでしょうか。

A　特例有限会社の取締役・代表取締役および監査役に関する登記の登記事項については、会社法911条３項13号、14号および17号の規定にかかわらず、取締役については、「氏名および住所」、代表取締役については、「氏名」（特例有限会社を代表しない取締役がいる場合に限る。）また監査役については、「氏名および住所」（「監査役設置会社である旨」の登記も不要です。したがって、監査役の監査の範囲も登記事項ではありません。）とする旨の特則が設けられています（平成17年整備法43条１項）。

解　説

1．通常の株式会社の取締役・代表取締役および監査役に関する登記の登記事項

　通常の株式会社における取締役・代表取締役および監査役に関する登記の登記事項は、次のとおりです。

⑴　取締役（監査等委員会設置会社を除く。）については、「氏名」（会社法911条３項13号）

⑵　代表取締役については、「氏名および住所」（指名委員会等設置会社である場合を除く。）（会社法911条３項14号）

(3)　監査役については、「監査役設置会社である旨ならびに監査役の監査の範囲を会計に関する者に限定する旨の定款の定めがある株式会社であるときは、その旨および監査役の氏名」（会社法911条3項17号）

2．特例有限会社の取締役・代表取締役および監査役に関する登記事項

特例有限会社の取締役・代表取締役および監査役に関する登記の登記事項は、次のとおりです（平成17年整備法43条1項）。

(1)　取締役については、「氏名および住所」

(2)　代表取締役については、「氏名」（特例有限会社を代表しない取締役がいる場合に限る。）

(3)　監査役については、「氏名および住所」（「監査役設置会社である旨」の登記および監査役の監査の範囲の登記は要しない。）■‖

Q39　特例有限会社の清算人に関する登記の登記事項の特則

Q　特例有限会社の清算人に関する登記の登記事項と会社法928条1項との関係は、どのようになるのでしょうか。

A　特例有限会社の清算人に関する登記の登記事項は、会社法928条1項1号および2号の規定にかかわらず、清算人については、「氏名および住所」、代表清算人については、「氏名」（特例有限会社を代表しない清算人がある場合に限る。）です（平成17年整備法43条2項）。

■‖ 解 説

1．通常の株式会社の清算人および代表清算人に関する登記の登記事項

通常の株式会社における清算人に関する登記の登記事項は、次のとおりです。

(1)　清算人については、「氏名」（会社法928条1項1号）

(2)　代表清算人については、「氏名および住所」（会社法928条1項2号）

(3)　清算株式会社が清算人会設置会社であるときは、「その旨」（会社法928条1項3号）

2．特例有限会社の清算人に関する登記の登記事項

　特例有限会社の清算人に関する登記の登記事項は、会社法928条1項1号および2号の規定にかかわらず、次のとおりです（平成17年整備法43条2項）。なお、特例有限会社は、清算人会を設置することはできません（平成17年整備法17条）。

①　清算人については、「氏名および住所」

②　代表清算人については、「氏名」（特例有限会社を代表しない清算人がある場合に限る。）■|

第４章　特例有限会社が平成17年整備法施行後６か月以内に申請しなければならない登記

> **Q40　特例有限会社が平成17年整備法施行後６か月以内に申請しなければならない登記には、どのような登記があったのでしょうか。**

Q　特例有限会社が平成17年整備法施行後６か月以内に申請しなければならない登記には、どのような登記があったのでしょうか。

A　特例有限会社が平成17年整備法施行後６か月以内に申請しなければならない登記には、平成17年整備法10条の規定による「みなされた種類の株式」がある場合のその登記がありました（平成17年整備法42条８項〜11項、136条18項）。

■ 解説

1．平成17年整備法10条の規定によるみなされた種類の株式

旧有限会社の定款に現に次に掲げる規定に規定する別段の定めがある場合における当該定めに係る持分は、特例有限会社における当該各号に定める規定に掲げる事項についての定めがある種類の株式とみなされました（平成17年整備法10条）。

一　旧有限会社法39条１項ただし書（議決権を行使することができる事項についての別段の定め）……会社法108条１項３号（議決権制限種類株式）

二　旧有限会社法44条（利益の配当についての別段の定め）……会社法108条１項１号（剰余金配当種類株式）

三　旧有限会社法73条（残余財産の分配に関する別段の定め）……会社法108条１項２号（残余財産分配種類株式）

2．みなされた種類の株式と登記申請義務

特例有限会社の定款に、平成17年整備法10条の規定による「みなされた種類

の株式」の定めがある場合には、特例有限会社に以下の登記申請義務が課され
ていますが、これは、定款によってのみ「みなされた種類の株式」があるか否
かが判明するため、特例有限会社に申請義務を課す以外に対処方法がないため
です。

(1)　平成17年整備法10条の規定によりみなされた種類の株式がある場合には、
　　整備法施行の日（平成18年５月１日）から６か月以内に、定款を添付して、
　　会社法911条３項７号および９号に掲げる事項の登記を申請しなければな
　　りません（平成17年整備法42条８項、136条18項、登免税法別表一24号㈠ツ）。

(2)　前記の登記を申請するまでに他の登記を申請するときは、当該他の登記
　　と同時に前記の登記を申請しなければならず（平成17年整備法42条９項）、前
　　記の登記をするまでに当該登記をすべき事項に変更を生じたときは、遅滞
　　なく、当該変更に係る登記と同時に、変更前の事項の登記を申請しなけれ
　　ばなりません（平成17年整備法42条10項）。

(3)　これらの登記の申請を懈怠した場合は、100万円以下の過料に処されま
　　す（平成17年整備法42条11項）。▉▉

第5章　特例有限会社の定款の手直し

第1節　定款の手直しの方法

1．定款の備置きおよび閲覧等に関する特則と定款手直しの必要性

　特例有限会社である株式会社は、株主および債権者から、定款の閲覧の請求、定款の謄本または抄本の交付の請求に応じる場合には、当該請求をした者に対し、現実に定款に記載または記録がないものであっても、平成17年整備法第1章第2節の規定により定款に定めがあるものとみなされた事項を示さなければならないとされています（平成17年整備法6条）ので、平成17年整備法2条、3条、5条、9条、10条、24条の規定によりみなされた事項については、定款に記載または記録して示さなければならないことになります。そこで、株主および債権者からの定款の閲覧の請求、定款の謄本または抄本の交付の請求等に適正迅速に対応するためには、事前に定款を手直ししておく必要があると考えます。ところが、会社法および平成17年整備法施行からすでに16年余が経過し、平成27年5月にはその会社法も更に改正されたというのに、いまだ定款の手直しが未了の有限会社が相当あるといわれています。

　ところで、商業登記規則61条1項の規定により登記の申請書に定款を添付すべき場合、例えば「定款の定めに基づく取締役の互選によって取締役の中から代表取締役を定めた場合」（会社法349条3項）の取扱いが問題になりますが、この場合に添付を要する定款は「定款の抜粋」ではなく、「定款全文」でなければならないという見解に立てば、厳密には「定款に記載または記録があるとみなされた事項」を記載または記録した定款を添付しなければならないことになります。しかし、この点については、実務は余り厳格に運用されていないようです。すなわち、商業登記規則61条1項の規定により添付すべき定款は、定款全文に限るという見解（昭和35年9月26日民甲1110号民事局長回答がこの見解をとっている関係でこの見解をとる登記所の方が多いようです。しかし、筆者は、抜粋でも支障はないと考えますので、申請人の負担を考慮して、先例の変更をお願いしたいという要望です。）をとりながら、具体的に添付する定款に

は、「定款に記載または記録があるとみなされた事項」を示していなくても受理する登記所があるようです。これは、平成17年整備法の規定により特例有限会社の定款に記載または記録があるとみなされた事項は、登記官にとって明らかであるという見解に基づくものかと推測しています。

　しかし、いずれにしても平成17年整備法施行後約16年、次の会社法の改正法律も施行された今、特例有限会社の定款に記載または記録があるものとみなされた事項を盛り込んだ定款への手直しは急務といえます。

2．定款手直しの方法

　この場合の定款の手直しの方法ですが、これらの部分には、定款の該当条項の修正または削除で対応できる部分と新設条文を設けなければならない部分があります。そこで、筆者としては、これを機会に定款全文を見直し、「平成17年整備法の施行等に伴い、定款全文を次のとおり変更する。」ということで定款全文を変更されてはどうかと考えますが、諸般の事情からそれが困難な場合も考えられますので、その場合は、定款の手直しで対応することになります。

　そこで、参考までに、テイハン発行の『商業登記書式精義（全訂第3版）』(871頁以下)に掲載された旧有限会社の定款を手直しする場合の事例と定款全文を変更する場合の事例に分けて紹介することにします。

　なお、この場合、注意する必要があるのは、登記事項に関係する定款の変更は、平成17年整備法42条各号の規定によりみなされた登記事項を除き、変更の登記の申請を要し、登録免許税も納付する必要があるということです。

第2節　定款手直しの具体例

1　『商業登記書式精義（全訂第3版）』(テイハン、871頁以下)に掲載された定款の手直し例

有限会社何商会定款

第1章　総　　則

（商　号）

第1条　当会社は、有限会社何商会と称する。

（注）　手直しの必要なし。

（目　的）

第2条　当会社は、次の業務を営むことを目的とする。

1．何何の製造

2．何何の販売

3．前各号に付帯する一切の業務

（注）　手直しの必要なし。

（資本の総額）

第3条　当会社の資本の総額は、金500万円とする。

（注）　本条は、整備法5条1項後段の規定に基づき、削除する。

（手直し後の条文）

第3条　削除

（本店の所在地）

第4条　当会社は、本店を東京都何区に置く。

（注）　手直しの必要なし。

（存立の時期）

第5条　当会社の存立の時期は、会社成立の日から満何年とする。

（手直し後の条文）

（存続期間）

第5条　当会社の存続期間は、会社成立の日から満何年とする。

（注）　会社法では、「存続期間」に変更されたので、手直ししたが、現在では存続期間を定めている会社はほとんどないので、この機会に削除することも考えられるが、この場合は変更登記を要し、登録免許税の問題が生じるので、そのまま残した。

第2章　社員及び出資（「第2章　株式」に手直しする）

（出資の口数及び1口の金額）

第6条　当会社の資本は、これを100口に分かち、出資1口の金額は、金5万円とする。

（注）　6条は削除し（平成17年整備法5条1項後段）、「発行可能株式の総数」に変更する。発行可能株式総数は、資本の総額を出資1口の金額で除して得た数とされている（平成17年整備法2条3項）ので、発行済株式の総数と一致し（平成17年整備法2条3項）、今後募集株式の発行をするためには、定款の変更が必要になることに留意する必要がある。ただし、定款の手直しに併せて定款の変更をすることも考えられるが、その場合は、変更の登記の申請が必要になり、登録免許税の納付も必要があるので留意する必要がある。

（手直し後の条文）

（発行可能株式の総数）

第6条　当会社の発行可能株式総数は、〇〇〇株とする。

（社員の氏名及び住所並びにその出資の口数）

第7条　社員の氏名及び住所並びにその出資の口数は、次のとおりとする。

何県郡市区町村大字番地

60口　　　　　　　何　　　某

何県郡市区町村大字番地

20口　　　　　　　何　　　某

何県郡市区町村大字番地

10口　　　　　　　何　　　某

何県郡市区町村大字番地

10口　　　　　　　何　　　某

（注）　本条は削除し（平成17年整備法5条1項後段）、「第7条　株式の譲渡制限」に変更する。

（手直し後の条文）

（株式の譲渡制限）

第7条　当会社の株式を譲渡により取得することについて当会社の承認を要する。ただし、当会社の株主が当会社の株式を譲渡により取得する場合においては当会社が承認したものとみなす。

（注）　この文例は、「会社法の施行に伴う関係法律の整備等に関する法律等の規定による職権登記実施要領について」（平成18年1月19日民商103号通達）の記録例に従った。この事項は、登記官の職権により登記されている。

（持分の消却）

第8条　当会社は、各社員に配当すべき利益をもって持分を消却すること

ができるものとする。

（注）　株式の消却は、自己株式の消却のみとなり、利益による株式の消却の制度は廃止されたので、第8条の規定は失効する。そこで、第8条は、削除する。

　　（手直し後の条文）

第8条　削除

第3章　社員総会

（「第3章　株主総会」に手直しする。）

（社員総会）

第9条　当会社の社員総会は、定時総会及び臨時総会とし、定時総会は、毎年2月にこれを開催し、臨時総会は、必要に応じて開催するものとする。

（注）　社員総会は、当然に株主総会に変わると解されている（郡谷大輔『中小会社・有限会社の新・会社法』50頁）。

　　（手直し後の条文）

　　（株主総会）

第9条　当会社の株主総会は、定時総会及び臨時総会とし、定時総会は、毎年2月にこれを開催し、臨時総会は、必要に応じて開催するものとする。

（開催地）

第10条　総会は、本店の所在地又はこれに隣接する地に招集するものとする。

（注）　会社法には、旧商法232条のような「総会ハ定款ニ別段ノ定アル場合ヲ除クノ外本店ノ所在地又ハ之ニ隣接スル地ニ之ヲ招集スルコトヲ要ス」は設けられていない。しかし、このことによって定款10条の規定が当然に無効になるとは解されないので、本条を削除するためには、定款変更の手続きが必要と考える。

（総会の招集）

第11条　総会は、取締役社長がこれを招集するものとする。

2　総会を招集するには、会日より5日前に各社員に対して、その通知を発することを要する。

　　（手直し後の条文）

　　（総会の招集）

第11条　総会は、取締役社長がこれを招集するものとする。

　2　総会を招集するには、会日より5日前に各株主に対して、その通知を発することを要する。

（少数社員の総会招集請求）

第12条　総社員の議決権の何分の1以上を有する社員は、会議の目的たる事項及び招集の理由を記載した書面を取締役に提出して社員総会の招集を請求することができる。

　（注）　平成17年整備法14条1項に規定する「総株主の議決権の10分の1以上」を増減する場合に必要な規定である。

　（手直し後の条文）

　（少数社員の総会招集請求）

　第12条　総株主の議決権の何分の1以上を有する株主は、会議の目的たる事項及び招集の理由を記載した書面を取締役に提出して株主総会の招集を請求することができる。

（決議の方法）

第13条　社員総会の決議は、法令に別段の定めがある場合を除き、総社員の議決権の3分の1以上を有する社員が出席し、出席社員の議決権の過半数をもって、これを決する。

　（注）　定足数を軽減した例です（旧有限会社法38条ノ2、会社法309条1項）。

　（手直し後の条文）

　（決議の方法）

　第13条　株主総会の決議は、法令に別段の定めがある場合を除き、総株主の議決権の3分の1以上を有する株主が出席し、出席株主の議決権の過半数をもって、これを決する。

（議決権）

第14条　各社員は、出資1口につき1個の議決権を有する。ただし、出資何口以上を有する社員については、出資口数何口に満つるごとに1個の議決権とする。

　　（注）　旧有限会社法39条１項ただし書の規定に基づく別段の定めであるが、定款の
　　　　「出資何口以上を有する社員については、出資口数何口に満つるごとに１個の議
　　　　決権とする。」旨の定めは、平成17年整備法10条１号・会社法108条１項３号の定
　　　　めに該当しないと解されている（郡谷大輔『会社法施行前後の法律問題』166頁
　　　　以下、江頭憲治郎『株式会社法』（５版、146頁））ので、本条のただし書の規定
　　　　は、効力を有しない。
　　（手直し後の条文）
　　（議決権）
　第14条　各株主は、１株につき１個の議決権を有する。

（議　　長）

第15条　社員総会の議長は、社長たる取締役がこれに当たり、社長に事故
　があるときは、専務取締役がこれに当たる。

　　（手直し後の条文）
　　（議　長）
　第15条　株主総会の議長は、取締役社長がこれに当たり、社長に事故があるときは、
　　専務取締役がこれに当たる。
　　（注）　第11条と整合性をとるため、「社長たる取締役」を「取締役社長」に変更した。

（決議事項の通知）

第16条　社員総会において決議した事項は、各社員に通知することを要す
　る。

　　（手直し後の条文）
　　（決議事項の通知）
　第16条　株主総会において決議した事項は、各株主に通知することを要する。

（議事録）

第17条　総会の議事については議事録を作り、これに議事の経過の要領及
　びその結果を記載し、議長及び出席した取締役がこれに記名押印（又は
　署名）することを要する。

　　（注）　手直しの必要なし。

<h2 style="text-align:center">第４章　役　　員</h2>

（員　　数）

第18条　当会社には、取締役何名及び監査役何名を置く。

（注）　手直しの必要なし。

（任　期）

第19条　取締役の任期は何年とし、監査役の任期は何年とする。ただし、任期が営業年度の中途において満了したときは、これに関する定時総会の終結までこれを伸長するものとする。

（手直し後の条文）

（任　期）

第19条　取締役の任期は何年とし、監査役の任期は何年とする。ただし、任期が事業年度の中途において満了したときは、これに関する定時総会の終結までこれを伸長するものとする。

（注）　営業年度を事業年度に修正した。

（解　任）

第20条　取締役（又は監査役）は、何時にても社員総会の決議をもって解任することができる。

（手直し後の条文）

（解　任）

第20条　取締役（又は監査役）は、何時にても株主総会の決議をもって解任することができる。

（代表取締役）

第21条　当会社の代表取締役は、取締役何某とする。

（注）　手直しの必要なし。

（業務の執行）

第22条　当会社の業務の執行は、取締役の4分の3以上をもって決するものとする。

（注）　手直しの必要なし。

（報　酬）

第23条　取締役及び監査役の報酬は、社員総会の決議をもって定める。

（手直し後の条文）

（報　酬）

第23条　取締役及び監査役の報酬は、株主総会の決議をもって定める。

第5章　計　　算

（営業年度）

第24条　当会社の営業年度は、1月1日から12月31日に至る年1期とする。

（手直し後の条文）

（事業年度）

第24条　当会社の事業年度は、1月1日から12月31日に至る年1期とする。

（注）　営業年度を事業年度に修正した。

（社員配当金）

第25条　社員に対する配当金は、毎決算期末日現在の社員に配当するものとする。

（手直し後の条文）

（株主配当金）

第25条　株主に対する配当金は、毎決算期末日現在の株主に配当するものとする。

（帳簿の閲覧）

第26条　当会社の社員は、いつでも理由を付した書面をもって、会計の帳簿及び資料の閲覧又は謄写を請求することができるものとする。

（手直し後の条文）

（帳簿の閲覧）

第26条　当会社の株主は、いつでも理由を付した書面をもって、会計の帳簿及び資料の閲覧又は謄写を請求することができるものとする。

第6章　解　　散

（解散の事由）

第27条　当会社は、存立期間の満了のほか社員何某の退社によって解散するものとする。

（手直し後の条文）

（解散の事由）

第27条　当会社は、存続期間の満了のほか株主何某が株主でなくなったことによって
　　解散するものとする。
　　（注）　本条は削除することをお勧めするが、変更登記が必要になり、登録免許税
　　　　３万円が必要になるので、他に登記事項の変更がある場合に第５条と併せて変更
　　　　するとよい。

（清算人）

第28条　当会社解散の場合における清算人は、社員何某をもって、これに
充てるものとする。

　　（手直し後の条文）
　　（清算人）
　　第28条　当会社解散の場合における清算人は、株主何某をもって、これに充てるもの
　　　　とする。

附　　　則

（合併の公告をする方法）

第29条　当会社の合併の公告は、東京都において発行する○○新聞に掲載
してする。

　　（手直し後の条文）
　　（公告をする方法）
　　第29条　当会社の公告は、東京都において発行する○○新聞に掲載してする。

（設立費用）

第30条　当会社の設立費用は、金何円以内とする。

　　（注）　手直しの必要なし。

（財産引受）

第31条　会社成立後に譲り受けることを約した財産、その価格及び譲渡人
の氏名は、次のとおりとする。

　　１　譲渡人の氏名　何株式会社（又は何某）

　　２　財　　　　産　何機械一式

　　３　価　　　　格　金何円

　　（注）　手直しの必要なし。

（準拠すべき法律）

第32条 この定款に規定のない事項は、すべて有限会社法その他の法令に
よるものとする。

　　　（手直し後の条文）
　　　（準拠すべき法律）
　　第32条 この定款に規定のない事項は、すべて会社法その他の法令によるものとする。

以上のとおり有限会社何商会設立のためこの定款を作成し、各社員は、
これに下記のとおり記名押印する。

　平成何年何月何日

　　　　　　　　　　　　　　　社員　何　　　　　　　某　㊞
　　　　　　　　　　　　　　　社員　何　　　　　　　某　㊞
　　　　　　　　　　　　　　　社員　何　　　　　　　某　㊞
　　　　　　　　　　　　　　　　合資会社何商会
　　　　　　　　　　　　　　　　代表社員　何　某　㊞

　　　（手直し後の記載）
　（注）　社員に関する記載は削除（平成17年整備法5条1項）。

2　特例有限会社の定款全文を見直し、変更する場合の文例
　　（この場合は、変更登記が必要となり、登録免許税3万円の納付を要する。）

　　　　　　　　　　　　特例有限会社○○○○○定款
　　　　　　　　　　　　　第1章　総　　則

　　（商　号）
第1条　当会社は、有限会社○○○○○と称する。
　　（目　的）
第2条　当会社は、次の事業を営むことを目的とする。
　　1．○○○○○○
　　2．○○○○○○

３．前各号に付帯関連する一切の事業

（本店の所在地）

第３条　当会社は、本店を○○県○○市に置く。

（公告方法）

第４条　当会社の公告は、官報に掲載してする。

第２章　株　式

（発行可能株式の総数）

第５条　当会社の発行可能株式総数は、○○○株とする。

（株券の不発行）

第６条　当会社の株式については、株券を発行しない。

（株式の譲渡制限）

第７条　当会社の株式を譲渡により取得することについて当会社の承認を
　　要する。ただし、当会社の株主が当会社の株式を譲渡により取得する場
　　合においては当会社が承認したものとみなす。

　（注）　この文例は、「会社法の施行に伴う関係法律の整備等に関する法律等の規定に
　　　よる職権登記実施要領について」（平成18年１月19日民商103号通達）の記録例に従
　　　った。これを変更することはできない。

第３章　株主総会

（招　集）

第８条　当会社の定時株主総会は、毎事業年度末日の翌日から３か月以内
　　に招集し、臨時株主総会は、必要に応じて招集する。

２　株主総会は、法令に別段の定めがある場合を除くほか、取締役の過半
　　数の決定により社長がこれを招集する。社長に事故もしくは支障がある
　　ときは、あらかじめ定めた順位により他の取締役がこれを招集する。

３　株主総会を招集するには、会日より５日前までに、株主に対して招集
　　通知を発するものとする。

（招集手続の省略）

第９条　株主総会は、株主全員の同意があるときは、招集手続を経ずに開

54

催することができる。

　（議　　長）

第10条　株主総会の議長は、社長がこれに当たる。社長に事故若しくは支
　障があるときは、あらかじめ定めた順位により、他の取締役がこれに代
　わる。

　（決議の方法）

第11条　株主総会の決議は、法令又は定款に別段の定めがある場合を除き、
　議決権を行使することができる株主の議決権の過半数を有する株主が出
　席し、出席した当該株主の議決権の過半数をもって行う。

2　会社法第309条第2項に定める決議は、総株主の半数以上であって、
　当該株主の議決権の4分の3以上に当たる多数をもって行わなければな
　らない。

　（議決権）

第12条　株主は、1株につき1個の議決権を有する。

　（議決権の代理行使）

第13条　株主又はその法定代理人は、当会社の議決権を有する株主を代理
　人として、議決権を行使することができる。ただし、この場合には、総
　会ごとに代理権を証する書面を提出しなければならない。

　（株主総会議事録）

第14条　株主総会の議事については、法令で定める事項を記載した議事録
　を作成し、議長及び出席した取締役がこれに署名又は記名押印すること
　を要する。

第4章　役　　　員

　（取締役の員数）

第15条　当会社の取締役は〇人以内とする。

　（資　　格）

第16条　当会社の取締役は、当会社の株主の中から選任する。

2　前項の規定にかかわらず、議決権を行使することができる株主の議決

権の過半数をもって、株主以外の者から選任することを妨げない。

（取締役の選任の方法）

第17条　当会社の取締役の選任は、株主総会において議決権を行使することができる株主の議決権の3分の1以上に当たる株式を有する株主が出席し、出席した当該株主の議決権の過半数をもって行う。

2　取締役の選任については、累積投票によらない。

（代表取締役及び社長）

第18条　当会社に取締役2人以上いるときは、取締役の互選によって代表取締役1人を定めるものとする。

2　代表取締役は社長とし、取締役1人のときは、取締役を社長とする。

3　社長は、当会社を代表し、当会社の業務を統轄する。

（報酬等）

第19条　取締役の報酬、賞与その他の職務執行の対価として当会社から受ける財産上の利益は、株主総会の決議をもって定める。

第5章　計　　算

（事業年度）

第20条　当会社の事業年度は、毎年○月○日から翌年○月○○日までとする。

（剰余金の配当）

第21条　剰余金の配当は、毎事業年度末日現在における株主名簿に記載された株主又は質権者に対して行う。

2　剰余金の配当は、支払開始の日から満3年を経過しても受領されないときは、当会社はその支払義務を免れるものとする。

第6章　附　　則

（規定外事項）

第22条　この定款に規定のない事項は、すべて会社法その他の法令の定めるところによるものとする。

第2編　各　　論

※　　　　※　　　　※

第1章　特例有限会社の登記手続総論

▤ Q41　特例有限会社の登記の件数　▤

Q　特例有限会社は何社位あるのでしょうか。

　また、特例有限会社に関する登記の件数は、どの程度あるのでしょうか。特例有限会社の登記の種類別件数がお分かりでしたらご紹介ください。

A　1．特例有限会社の数

　　特例有限会社の数は、2021年12月31日現在約148万社です。毎年商号を変更して通常の株式会社へ移行する会社、解散する会社があり、減少傾向にあります。

　2．特例有限会社の登記の種類別件数

　　法務省が、公表している2021年の登記統計によれば、特例有限会社の登記の事件数は、本店の所在地において総数で171,262件で、その内訳は、多い順に、以下のとおりです。

① 　役員等に関する変更の登記　82,607件

② 　本店または支店の移転の登記　18,862件

③ 　清算人に関する登記　15,794件

④ 　解散の登記　15,194件

⑤ 　清算結了の登記　13,878件

⑥ 　目的の変更の登記　10,715件

⑦ 　破産、民事再生または会社更生に関する登記　2,953件

⑧ 　登記事項の変更の登記（①、⑥、⑨、⑪、⑯を除く変更の登記）

2,708件

⑨ 商号の変更の登記 1,968件

⑩ 商号変更による解散の登記 1,770件

⑪ 資本金の額の増加による変更の登記 1,618件

⑫ 登記事項の更正 916件

⑬ 合併による解散の登記 560件

⑭ 支店の設置 459件

⑮ 登記事項の消滅・廃止 399件

⑯ 資本金の額の減少による変更の登記 364件

⑰ 登記の抹消 326件

⑱ 会社の継続の登記 152件

⑲ 組織変更による解散の登記 17件

⑳ その他 2件

▋解 説

1．特例有限会社の数

特例有限会社の数は、2021年12月31日現在約148万社ありますが、毎年商号を変更して通常の株式会社へ移行する会社が千数百社あり、2021年は、1,770社ありました。また、これ以外に、2021年は株主総会の決議等によって解散した会社が15,194社、合併によって解散した会社が560社、組織変更によって解散した会社が17社ありましたので、17,541社が減少したことになります。

2．特例有限会社の登記の種類別件数

特例有限会社に関する登記の件数で一番多いのは、役員等に関する変更の登記の82,607件です。特例有限会社の取締役や監査役に法定の任期はなく、定款に定める事例もほとんどありませんので、特例有限会社の経営者も世代交代の時期を迎えているということでしょう。また、解散の登記15,194件、清算人に関する登記15,794件、清算結了の登記13,878件は、後継者不在に伴う廃業等を示しているものと思われます。

商号変更による解散の登記1,770件は、商号を変更して通常の株式会社へ移

行した件数です。

　合併による解散の登記560件は、特例有限会社が吸収合併存続会社となる合併をすることはできない（平成17年整備法37条）ので、特例有限会社の合併による解散の件数です。

　組織変更による解散の登記17件は、特例有限会社から持分会社への組織変更の件数です。組織変更後の会社は、合同会社と思われます。■

Q42　取締役1名の特例有限会社において、取締役が死亡した場合と後任取締役選任のための株主総会の招集権者

Q　取締役甲1名の特例有限会社において、甲が死亡した場合、後任取締役選任のための株主総会の招集権者は誰でしょうか。

　なお、定款には、次のように定められており、株主は、甲（株式80％を所有）と甲の妻乙（株式20％を所有）ですが、80％の株式は、乙と甲乙の長男丙が2分の1ずつ相続し、乙および丙が取締役に就任する予定です。

　「第8条　当会社の定時株主総会は、毎事業年度末日の翌日から3
　　　　　か月以内に招集し、臨時株主総会は、必要に応じて招集する。

　　2　株主総会は、法令に別段の定めがある場合を除くほか、取締
　　　　役社長がこれを招集する。

　　3　株主総会を招集するには、会日より5日前までに、株主に対
　　　　して招集通知を発するものとする。」

A　乙または丙から本店の所在地を管轄する地方裁判所に「一時取締役の職務を行うべき者」（仮取締役）の選任の申立てをし（会社法346条2項、868条1項）、裁判所から選任された仮取締役が臨時株主総会の招集をすべきと考えますが、株主総会は、株主全員の同意があるときは、招集の手続きを経ることなく開催することができます（会社法300条）ので、ご

質問の場合は、乙および丙が同意して株主総会を開催してはいかがでしょうか。

■ 解　説

1．株主総会の招集権者

株主総会は、原則として取締役が、株主総会の日時、場所および目的たる事項を示して招集します（会社法298条。なお、297条参照。）。取締役が数名いる場合は、株主総会の日時、場所および目的たる事項は、取締役の過半数の一致で決めてから取締役（定款に招集すべき取締役を定めている場合には当該取締役）が招集します。

2．取締役が全員死亡した場合の措置

取締役が欠けた場合（取締役全員が退任した場合）または会社法もしくは定款で定めた取締役の員数が欠けた場合において、裁判所は、必要があると認めるときは、利害関係人の申立てにより、一時取締役の職務を行うべき者を選任することができるとされています（会社法346条2項）。この申立ては、本店の所在地を管轄する地方裁判所に対してします（会社法868条1項）が、その登記は裁判所書記官の嘱託によってされます（会社法937条1項2号イ）。なお、「一時取締役の職務を行うべき者」は、「仮取締役」として登記されます。

3．招集手続の省略

株主総会は、株主全員の同意があるときは、招集の手続きを経ることなく開催することができます（会社法300条本文）。ただし、①株主総会に出席しない株主が書面によって議決権を行使することができる旨を定めた場合または②株主総会に出席しない株主が電磁的方法によって議決権を行使することができる旨を定めた場合は、招集の手続を省略することはできません（会社法300条ただし書、298条1項3号・4号）。

4．株主総会の決議の省略

株主が株主総会の目的である事項について、提案した場合において、当該提案につき株主の全員が書面または電磁的記録により同意の意思表示をしたときは、当該提案を可決する旨の株主総会の決議があったものとみなすとされてい

ます（会社法319条1項）。この方法を株主総会の決議の省略の方法または書面決議といいます。そこで、株主乙または丙が、取締役として乙および丙を選任したい旨を書面で提案し、この提案に対して乙および丙が書面で同意の意思表示をすれば、その同意を証する書面が提案者のもとに到達したときに乙および丙を取締役に選任する旨の株主総会の決議があったものとみなされるわけです。なお、この場合も、株主総会議事録を作成することになります（会社法施行規則72条4項1号）。詳細は、「Q44～46　書面決議（株主総会の決議の省略）の方式」（65頁以下）を参照。

5．ご質問の場合の取扱い

ご質問の場合は、一時取締役の職務を行うべき者の選任の申立てをしますと、時間と費用がかかりますので、3の「招集手続の省略」または4の「株主総会の決議の省略」のいずれかの方法によればよいと考えます。例えば3の「招集手続の省略」の方法による場合は、株主乙および丙が招集手続きを省略して株主総会を開催することに同意して株主総会を開催し、取締役として乙および丙を選任し、席上就任の承諾をして、取締役乙または丙が株主総会議事録を作成し、乙および丙が署名（または記名）押印（実印）すればよいでしょう（会社法318条1項、会社法施行規則72条3項）。なお、この場合、株主全員の同意により招集手続きを省略して株主総会を開催した旨株主総会議事録に記載しておけばよいと考えます。■▮

Q43　特例有限会社の株主総会の決議の方法にも、通常の株式会社と同様、普通決議、特別決議および特殊の決議があるのでしょうか。

Q　通常の株式会社の株主総会の決議の方法には、大別して、①会社法309条1項に規定する決議の方法、②会社法309条1項に規定する「定款の別段の定め」に基づく決議の方法、③会社法309条2項および平成17年整備法14条3項に規定する決議の方法および④会社法309条4

項に規定する決議の方法があるようですが、特例有限会社の株主総会の決議の方法にも、通常の株式会社と同様、普通決議、特別決議および特殊の決議があるのでしょうか。

A 特例有限会社の株主総会の決議の方法には、普通決議および特別決議がありますが、特例有限会社の場合は、特別決議の要件が加重されて、通常の株式会社の特殊の決議と同じ要件になっています。つまり、特例有限会社では、通常の株式会社の会社法309条4項の「特殊の決議」と会社法309条2項の決議の要件が同じというわけです。

解 説

1．普通決議

株主総会の決議は、法令または定款に別段の定めがある場合を除き、議決権を行使することができる株主の議決権の過半数を有する株主が出席し（これを定足数といいます。）、出席した当該株主の議決権の過半数の賛成により成立します（会社法309条1項）。この決議の方法を「普通決議」といいます。

2．定款の定めに基づく決議

株主総会の普通決議の定足数は、定款の定めにより変更できますので、実務上は、法定の定足数の要件を排除し、「出席した株主の議決権の過半数の賛成により決議が成立する」旨定める例が多いようです。ただし、役員（取締役・会計参与・監査役）を選任しまたは解任する株主総会の決議は、たとえ定款に定めても、定足数を議決権を行使することができる株主の議決権の3分の1未満とすることはできません（会社法341条）ので、実務上は、特例有限会社の場合は、次のように定める事例が多いようです。

「第○条 株主総会の決議は、法令または定款に別段の定めがある場合を除き、議決権を行使することができる株主の議決権の過半数を有する株主が出席し、出席した当該株主の議決権の過半数をもって行う。

2 会社法第309条第2項に定める決議は、総株主の半数以上であって、当該株主の議決権の4分の3以上に当たる多数をもって行わなければならな

い。」

　なお、以上の決議要件を加重することは差し支えありませんが、問題は、株主全員の同意を要する旨の定款の定めを設けることができるか否です。

　これについて、江頭教授は、次のように述べています（江頭憲治郎『株式会社法〈第8版〉』371頁（有斐閣、2021年））。

　「⑴定款による議決権の加重　頭数要件を加えるとか、株主全員の同意を決議成立要件とする等の定款の定めも、原則として有効と解すべきである。

　しかし、特定の決議事項につき特定の形に決議要件を加重する定款の規定が無効であることはあり得る。とくに、定時株主総会において必ず決議すべき事項（計算書類の確定等）につき株主全員の同意が要求されると、閉鎖型のタイプの会社でも決議が成立しないおそれが生ずるので、当該定款は無効と解すべきである。これに対し、取締役の選任・解任につき株主全員の同意を要求する定款（森本。212頁注3はこれを無効とする）は、閉鎖型のタイプの会社においては有用であり、かつ、たとい株主総会決議の成立が不可能でも代替手段があるので（会社法854条〜856条・346条）、無効と解する必要はない。」

3．特別決議

　会社法309条2項の規定を修正する平成17年整備法14条3項は、「前項の規定にかかわらず、次に掲げる株主総会の決議は、総株主の半数以上（これを上回る割合を定款で定めた場合にあっては、その割合以上）であって、当該株主の議決権の4分の3（これを上回る割合を定款で定めた場合にあっては、その割合）以上に当たる多数をもって行わなければならない。」と規定して、通常の株式会社より決議の要件を加重しています。これを「特別決議」といいますが、定足数として「頭数」要件が規定され、決議の成立要件も「総株主の議決権の4分の3」というように通常の株式会社に比べ極めて厳しいものになっています。特例有限会社は閉鎖型のタイプの会社ですが、それにしても、総株主の議決権の4分の3といえば75％ですから、将来特別決議を必要とする可能性のある特例有限会社は、あらかじめ商号を変更して通常の株式会社へ移行する等の検討が必要でしょう。

　なお、特別決議を必要とするのは、次に掲げる株主総会の決議です（会社法309条2項各号）。

① 　譲渡制限株式の譲渡不承認決定の決議および指定買受人指定の決議（会社法140条2項・5項）

② 　特定の株主との合意による自己株式の有償取得の決議（会社法156条1項）

③ 　全部取得条項付種類株式の取得に関する決定の決議（会社法171条1項）および相続人等に対する株式売渡請求決定の決議（会社法175条1項）

④ 　株式の併合の決議（会社法180条2項）

⑤ 　募集株式の発行における募集事項の決定（会社法199条2項）、募集事項の決定の委任（会社法200条1項）、株主に株式の割当てを受ける権利を与える場合における会社法202条3項4号の決定および募集株式が譲渡制限株式である場合における割当ての決定（会社法204条2項）の各決議（会社法205条2項）

⑥ 　新株予約権の募集事項の決定（会社法238条2項）、新株予約権の募集事項の決定の委任（会社法239条1項）、株主に新株予約権の割当てを受ける権利を与える場合における会社法241条1項各号に掲げる事項を定めるときにおける募集事項および同項各号に掲げる事項の決定（会社法241条3項4号）および募集新株予約権の目的である株式の全部または一部が譲渡制限株式である場合または募集新株予約権が譲渡制限新株予約権である場合における募集新株予約割当ての決定（会社法243条2項、244条3項）の各株主総会の決議

⑦ 　会社法342条3項から5項までの規定により選任された取締役を解任する決議または監査役を解任する決議（会社法339条1項）

⑧ 　取締役、会計参与、監査役、執行役または会計監査人の責任の一部免除の決議（会社法425条1項）

⑨ 　資本金の額の減少の決議。ただし、会社法309条1項9号イおよびロに該当する場合を除く（会社法447条1項）

⑩ 　会社法454条4項の決議。ただし、配当財産が金銭以外の財産であり、

かつ、株主に対して同項1号に規定する金銭分配請求権を与えないこととする場合に限られる

⑪　会社法第2編第6章から第8章（定款の変更、事業の譲渡、解散）までの規定により株主総会の決議を要する場合における当該株主総会の決議（会社法309条2項11号）

⑫　第5編（組織変更、合併、会社分割、株式交換及び株式移転）の規定により株主総会の決議を要する場合における当該株主総会の決議（会社法309条2項12号）

4．特殊の決議

会社法309条4項は「109条2項の規定による定款の定めについての定款の変更（当該定款の定めを廃止するものを除く。）を行う株主総会の決議は、総株主の半数以上（これを上回る割合を定款に定めた場合にあっては、その割合以上）であって、総株主の議決権の4分の3（これを上回る割合を定款に定めた場合にあっては、その割合）以上に当たる多数をもって行わなければならない。」と規定しており、これを「特殊の決議」といいますが、特例有限会社の場合は、特別決議の要件と同様です。■

Q44　書面決議（株主総会の決議の省略）の方法によれば、定時株主総会の開催も省略できるのでしょうか。

Q　会社法319条1項では、株主総会の決議事項について、株主総会を開催せず、取締役が書面で提案をし、これに議決権を行使できる株主全員が書面で同意した場合には、当該提案を可決する旨の株主総会の決議があったものとみなすとされていますが、この方式によれば、定時株主総会の開催も省略できるのでしょうか。

A　定時株主総会の目的である事項のすべてについての提案を可決する旨の株主総会の決議があったものとみなされた場合には、その時に当該定

時株主総会が終結したものとみなされ（会社法319条 5 項）、事業報告の内容の報告については、株主総会への報告の省略制度（会社法320条）を活用すれば、定時株主総会の開催も省略できるものと考えます。

▌解 説

1．書面決議（株主総会の決議の省略）制度の意義

書面決議制度とは、株主総会を開催しないで、①取締役または株主が、株主総会の決議事項について提案をした場合において、②当該提案につき議決権を行使することができる株主の全員が書面または電磁的記録により同意の意思表示をしたときは、③当該提案を可決する旨の株主総会の決議があったものとみなす制度です（会社法319条 1 項）。

この制度は、会社と緊密な関係にある株主のみからなる閉鎖型タイプの会社につき、手続きの簡素化を可能にする趣旨であり、特別決議事項、特殊の決議事項についても可能とされています（江頭憲治郎『株式会社法〈第 8 版〉』374頁以下（有斐閣、2021年））。

2．書面決議の要件

書面決議が成立するための要件は、以下のとおりです。

(1)　決議があったものとみなされる事項は、株主総会が決議できる事項であること。

(2)　取締役または株主が提案すること。

(3)　議決権を行使することができる株主全員の同意があること。

(4)　株主の同意は、書面または電磁的記録によること。

3．株主総会への報告の省略

取締役が株主の全員に対して株主総会に報告すべき事項を通知した場合において、当該事項を株主総会に報告することを要しないことにつき株主の全員が書面または電磁的記録により同意の意思表示をしたときは、当該事項の株主総会への報告があったものとみなされます（会社法302条）。これにより、事業報告の内容の報告が必要な定時株主総会についても、定時総会の開催を省略することができるわけです（江頭憲治郎『株式会社法〈第 8 版〉』375頁（有斐閣、2021年））。▌

Q45　書面決議（株主総会の決議の省略）の場合には、具体的にどのような書面を作成するのでしょうか。

Q　書面決議（株主総会の決議の省略）の場合には、具体的にどのような書面を作成するのでしょうか。各書面の様式をお示しください。

A　ご質問の場合には、提案書、同意書、株主総会議事録および株主リストの作成が必要になりますが、その様式は、次の解説で述べるとおりです。

なお、提案書、同意書および株主総会議事録は、株主総会の決議があったものとみなされた日から10年間本店に備え置かなければなりません（会社法319条2項、318条2項）。

■ 解 説

1．提案と同意の方式

取締役等の提案とこれに対する株主の同意の方式については、①提案書と同意書を一体とした書面に株主全員が署名または記名押印する方式、いわゆる「持回り方式」（提案書・同意書一体型）と②提案書とこれに対する同意書であることを明確にした書面を株主ごとに作成し、同意書に株主が署名または記名押印する方式（提案書・同意書別型）があります。

2．提案書および同意書の様式例

次に実務上最も多いと思われる取締役選任の場合の提案書と同意書の様式例を示します。提案書・同意書別型の場合ですが、同意書は、（注1）および（注2）の箇所のみ記載して返戻してもらうようにして作成すると合理的です。同意書の住所は、株主名簿の住所に基づき提案者の方で印字していても差し支えないと考えます。

① 提案書の様式例

令和○○年○月○○日

株主 乙 野 次 郎 様

東京都○○区○町○丁目○番○号

○○商事有限会社

代表取締役 甲 野 太 郎 ㊞

取締役選任に関するご提案

拝啓　時下ますますご清栄のこととお慶び申し上げます。

　さて、下記のとおり会社法第319条第1項の規定に従い、株主総会の目的である事項についてご提案いたします。つきましては、下記につきご検討いただき、添付の同意書の年月日をご記入およびご署名・ご捺印の上、○月○○日（この日をもって株主総会の決議があったものとみなします。）までにご返送くださいますようお願い申し上げます。

敬具

記

目的事項（決議事項）

　第1号議案　取締役改選の件

　令和○○年○月○日をもって辞任した取締役丙野五郎の後任者として次の者を選任する。

　　氏　　名　丙 野 三 郎

　　住　　所　東京都○○区○町○丁目○番○号

　　生年月日　昭和○○年○月○日

② 同意書の様式例

株主総会決議事項についての会社提案に対する同意書

　　　　　　　　　　　　　　　令和○○年○月○○日（注1）

○○商事有限会社

　代表取締役　甲野太郎　殿

　　　　　　　　　　　東京都○○区○町○丁目○番○号

　　　　　　　　　　　株主　乙野次郎　㊞　（注2）

　私は、会社法第319条第1項の規定に基づき、令和○○年○月○○日付代表取締役甲野太郎氏より提案を受けた下記の事項について、同意します。

　　　　　　　　　　　　　　　記

決議事項

　第1号議案　取締役改選の件

　令和○○年○月○日をもって辞任した取締役丙野五郎の後任者として次の者を選任する。

　　氏　　名　丙野三郎

　　住　　所　東京都○○区○町○丁目○番○号

　　生年月日　昭和○○年○月○日

3．株主総会議事録の様式例

　会社法施行規則72条は、次のように規定して書面決議（株主総会の決議の省略）の場合も株主総会議事録を作成することとしています。

「第72条　法第318条1項の規定による株主総会の議事録の作成については、この条の定めるところによる。

　2　株主総会の議事録は、書面又は電磁的記録をもって作成しなければならない。

　3　省略（株主総会議事録の記載事項）

　4　次の各号に掲げる場合には、株主総会の議事録は、当該各号に定める事項を内容とするものとする。

　一　法第319条第1項の規定により株主総会の決議があったものとみなさ

れた場合　次に掲げる事項

　イ　株主総会の決議があったものとみなされた事項の内容

　ロ　イの事項の提案をした者の氏名又は名称

　ハ　株主総会の決議があったものとみなされた日

　ニ　議事録の作成に係る職務を行った取締役の氏名

二　法第320条の規定により株主総会への報告があったものとみなされた
　場合　次に掲げる事項

　イ　株主総会への報告があったものとみなされた事項の内容

　ロ　株主総会への報告があったものとみなされた日

　ハ　議事録の作成に係る職務を行った取締役の氏名」

　そこで、参考までに、書面決議（株主総会の決議の省略）の場合の株主総会
議事録の様式例を示せば、次のとおりです。

株主総会議事録

1．株主総会の決議があったものとみなされた日　令和○○年○月○○
　日

2．株主総会の決議があったものとみなされた事項の提案者
　　代表取締役　甲野太郎

3．株主総会の決議があったものとみなされた事項の内容
　　第1号議案　取締役改選の件
　　　令和○○年○月○日をもって辞任した取締役丙野五郎の後任者と
　　して次の者を選任する。
　　　　取締役　丙　野　三　郎

　令和○○年○月○○日付で当会社の株主全員に対して上記議案について
代表取締役甲野太郎が提案書を発送し、当該提案につき、令和○○年○月
○○日までに株主全員から書面により同意の意思表示を受領したので、会
社法第319条第1項に基づき、当該提案を可決する旨の株主総会の決議が

あったものとみなされた。

　上記のとおり、株主総会の決議の省略を行ったので、株主総会の決議が
あったものとみなされた事項を明確にするため、本議事録を作成し、議事
録作成者が次に記名押印する。
　令和○○年○月○○日
　　　　○○商事株主総会議事録
　　　　　　　　議事録作成者　代表取締役　甲野太郎

４．株主リストの様式例

　株主総会または種類株主総会の決議を要する事項の登記の申請書には、主要
株主（議決権の数の割合が多い順に３分の２に達するまで加算し、10名を上限
とする。）の氏名または名称および住所、当該株主が有する株式の数および議
決権の数ならびに当該株主が有する議決権の割合等を証する書面（この書面を
実務上「株主リスト」といいます。）を添付しなければなりません（商登規61条
3項）。

　そこで、参考までに法務省のホームページに登録された様式を示せば、次の
とおりです。

証　明　書

次の対象に関する商業登記規則61条3項の株主は次のとおりであることを証明する。

対象	株主総会等又は総株主の同意等の別	株主総会	←株主総会，種類株主総会，株主の同意，種類株主全員の同意のいずれかを記載してください。種類株主総会等の場合は，対象となる種類株式も記載してください。
	上記の年月日	令和●●年●●月●●日	←株主総会等の年月日を記載してください
	上記のうちの議案	全議案	←全議案又は対象となる議案を記載してください。総株主等の同意を要する場合は，記載不要です。

	氏名又は名称	住所	株式数　（株）	議決権数	議決権数の割合
1	甲野太郎	東京都千代田区…	400	400	40.0%
2	乙野次郎	東京都新宿区……	300	300	30.0%
3					
4					
5					
6					
7					
8					
9					
10					
			合計	700	70.0%
			総議決権数	1000	

自己株式等の議決権を有しない株式は記載しません。

ただし，議決権を有していれば，株主総会に出席しなかった株主や議決権を行使しなかった株主も記載してください。

株主の氏名等は，総議決権数に対する各株主の議決権数の割合が高い順に記載します。
記載を要する株主の数は
① 議決権の割合の合計が，3分の2に達するまで
② 10位に達するまで
のいずれか少ない人数の株主を記載してください。
なお，同順位の株主が複数いることなどにより②の株主が10名以上いる場合は，その株主全てを任意の形式の別紙を作成して記載してください。

種類株式発行会社については，種類株式の種類及び種類ごとの数も記載してください。
種類株式の種類は，登記された名称を記載してください。

総議決権数にも自己株式等の議決権を有しない株式の分は加算しないでください。

証明書作成年月日	令和〇〇年〇〇月〇〇日
商号	〇〇有限会社
証明書作成者	代表取締役〇〇　〇〇

証明書は，登記申請人名義で作成してください（ただし，組織再編の登記の場合には，例外もあります。詳しくは法務省ホームページをご覧ください。）

Q46　書面決議（株主総会の決議の省略）の場合と添付書面

Q 書面決議（株主総会の決議の省略）をした場合、その登記の申請に際しては、具体的にどのような書面を添付するのでしょうか。

A 書面決議（株主総会の決議の省略）に基づいてその登記の申請をする

場合には、①提案書および同意書または②株主総会議事録、③株主リストおよび④代理人によって申請する場合のその権限を証する書面を添付することになりますが、実務上は、②、③および④を添付するのが通例です。

▉ 解　説

1．書面決議と添付書面

　商業登記法46条3項は「登記すべき事項につき会社法第319条第1項（同法第325条において準用する場合を含む。）又は第370条（同法第490条第5項において準用する場合を含む。）の規定により株主総会若しくは種類株主総会、取締役会又は清算人会の決議があったものとみなされる場合には、申請書に、前項の議事録に代えて、当該場合に該当することを証する書面を添付しなければならない。」と規定しています。したがって、提案書および同意書を添付することになります。

2．平成18年3月31日民商782号民事局長通達による取扱い

　平成18年3月31日民商782号民事局長通達の第2部第3機関2の株主総会および種類株主総会⑸では「株主総会の決議があったものとみなされる場合（会社法第319条第1項、第325条）についても、決議があったものとみなされた事項の内容等を内容とする議事録を作成するものとされた（会社法施行規則第72条4項第1号、第95条）。この場合には、当該議事録をもって、登記の申請書に添付すべき当該場合に該当することを証する書面（商登法第46条3項）として取り扱って差し支えない。」としていますので、株主総会議事録を添付してもよいことになります。そこで、実務上は、株主総会議事録を添付する方が簡便といえます。

3．株主リストの添付

　商業登記規則61条3項は「登記すべき事項につき株主総会又は種類株主総会の決議を要する場合には、申請書に、総株主（種類株主総会の決議を要する場合にあつては、その種類の株式の総株主）の議決権（当該決議（会社法第319条第1項（同法第325条において準用する場合を含む。）の規定により当該決議があつたものとみなされる場合を含む。）において行使することができるもの

に限る。以下この項において同じ。）の数に対するその有する議決権の数の割合が高いことにおいて上位となる株主であつて、次に掲げる人数のうちいずれか少ない人数の株主の氏名又は名称及び住所、当該株主のそれぞれが有する株式の数（種類株主総会の決議を要する場合にあつては、その種類の株式の数）及び議決権の数並びに当該株主のそれぞれが有する議決権に係る当該割合を証する書面を添付しなければならない。

1　10名

2　その有する議決権の数の割合を当該割合の多い順に順次加算し、その加算した割合が3分の2に達するまでの人数」

と規定していますので株主リスト（以上の書面を実務上「株主リスト」と称しています。）の添付を要します。■

第2章　商号変更による通常の株式会社への移行の登記

Q47　特例有限会社が通常の株式会社へ移行せず、特例有限会社のまま存続することのメリット・デメリットおよび移行期限の有無

Q　特例有限会社が通常の株式会社へ移行せず、特例有限会社として存続した場合のメリットおよびデメリットについて、ご教示ください。

　また、特例有限会社は、令和何年までに移行しなければならないというような期限はあるでしょうか。

A　特例有限会社が通常の株式会社へ移行せず、特例有限会社として存続した場合のメリットおよびデメリットについては、次の解説の項で述べるとおりです。

　また、特例有限会社の商号変更による通常の株式会社への移行は、令和何年までにしなければならないというような期限はありません。

▌ 解 説

1. 特例有限会社として存続する場合のメリット

特例有限会社が通常の株式会社へ移行せず、特例有限会社として存続する場合の主なメリットは、次のとおりです。

(1) 取締役に任期の定めがない。したがって、取締役の変更登記に要する登録免許税と司法書士の手数料が節約できる。

(2) 決算公告の義務がない。したがって、公告料が節約できる（例えば、官報の場合であれば、最低74,331円の節約）。

(3) 休眠会社のみなし解散に関する規定は適用されない（平成17年整備法32条）。したがって、12年をこえて何らの登記をしていない場合であっても、休眠会社として解散したものとみなされることはない（会社法472条参照）。

2. 特例有限会社として存続する場合のデメリット

特例有限会社にも、大規模で広く事業活動を展開している会社もありますが、一般的には、次のようなデメリットが考えられます。なお、(1)は大規模な特例有限会社（ただし、完全子会社は除きます。）は、とくに要注意です。

(1) 特別決議の要件が、原則として「総株主の半数以上であって、当該株主の議決権の4分の3（75%）以上に当たる多数をもって行わなければならない。」とされ、議決権数以外に株主の頭数要件がある（会社法309条2項柱書、平成17年整備法14条3項）ので、株主間で意見の対立がある場合は、特別決議の成立が困難になる可能性がある。

(2) 吸収合併存続会社または吸収分割承継会社になることができない（平成17年整備法37条）。

(3) 株式交換および株式移転に関する規定が適用されない（平成17年整備法38条）。

(4) 株式会社という文字を用いることができない（平成17年整備法3条2項）。

(5) 取締役1名の特例有限会社では、代表取締役として登記されないため（平成17年整備法43条1項参照）、「代表取締役」という名称を用いることができきない。

(6)　閉鎖的な極めて小規模な会社で法人格を有しているに過ぎないというイメージがある。

(7)　会社法制定前は、株式会社の最低資本金は1,000万円、有限会社の最低資本金は300万円であったので、特例有限会社には1,000万円の資金を調達できなかった会社というイメージがある。

(8)　2年に1回の役員変更の登記の登録免許税1万円、決算公告料74,331円を節約している会社という印象を与える。

3．通常の株式会社への移行期限の有無

特例有限会社の商号変更による通常の株式会社への移行は、令和何年までにしなければならないというような期限はありません。■

Q48　通常の株式会社へ移行した方が良いか否かの判断の基準

Q　特例有限会社の関係者から、商号を変更して通常の株式会社へ移行した方が良いかどうかアドバイスを求められることがありますが、特例有限会社の商号変更による通常の株式会社への移行については、何を基準に判断すればよいでしょうか。

A　特例有限会社の商号変更による通常の株式会社への移行については、明確な判断基準はありませんが、私見では、①将来、特別決議を要する事案が想定されるが、株主間に意見の対立が生ずるおそれがある特例有限会社、②後継者のいる特例有限会社、③やる気のある経営者がいる特例有限会社、④取締役会、会計参与等を設置したい特例有限会社および⑤取締役1名の特例有限会社において、当該取締役を通常の株式会社のように「代表取締役」として登記をした方がよい特例有限会社等は、可能な限り通常の株式会社へ移行した方が良いと考えます。なお、⑥商号に株式会社という文字を用いたい特例有限会社は、通常の株式会社へ移行しなければなりません。

　なお、法務省の統計によれば、令和 3 年の場合、1,770社の特例有限
会社が商号を変更して通常の株式会社へ移行しています。

▨ 解 説

1．特例有限会社の数

　清算中の特例有限会社を除く現存の特例有限会社数は、令和 2 年12月31日現
在、約150万社といわれています。同日現在の全会社数は約380万社、うち通常
の株式会社数は約197万社とのことですから、我が国の会社の約39％は特例有
限会社ということになります。なお、この会社数には、休業中の会社が含まれ
ますので、国税庁の税務統計上の会社数よりも多くなっています。

　ところで、特例有限会社は、現在では設立することができませんので、特例
有限会社には希少価値があるという意見もありますが、我が国の会社の約39％
が特例有限会社という現状においては、希少価値は考えられません。

2．通常の株式会社へ移行すべきか否かの判断の基準

　特例有限会社が通常の株式会社へ移行すべきか否かの明確な判断の基準はあ
りませんが、筆者は、次のいずれかに該当する場合は、通常の株式会社に移行
することを勧めています。

⑴　将来、特別決議を要する事案が想定されるが、株主間に意見の対立が生
　　ずるおそれがある場合

　特例有限会社の場合は、特別決議の要件が「総株主の半数以上（これを上回
る割合を定款で定めた場合にあっては、その割合以上）であって、当該株主の
議決権の 4 分の 3 （これを上回る割合を定款で定めた場合にあっては、その割
合）以上に当たる多数をもって行わなければならない。」とされています（平
成17年整備法14条 3 項、会社法309条 2 項）。要するに株主の数の 2 分の 1 以上で、
議決権の75％以上の賛成が必要ということで、議決権数以外に株主の頭数要件
があります。これは、通常の株式会社の場合の特別決議の要件、「当該株主総
会において議決権を行使することができる株主の議決権の過半数（ 3 分の 1 以
上の割合を定款で定めた場合にあっては、その割合以上）を有する株主が出席
し、出席した当該株主の議決権の 3 分の 2 （これを上回る割合を定款で定めた

場合にあっては、その割合）以上に当たる多数をもって行わなければならない。」（要するに議決権34％以上の賛成。会社法309条２項）より相当厳しい決議要件です。そこで、将来、特別決議を要する議案（定款の変更、組織再編等）が想定され、その際、株主間で意見の対立が生ずる可能性がある場合は、機会をみて通常の株式会社へ移行していた方が良いと考えます。

なお、特例有限会社が商号を変更して通常の株式会社へ移行する決議は、「商号中に株式会社という文字を用いる商号変更」という定款変更の決議ですから、特別決議ということになりますが、この特別決議は、会社のイメージをアップし、将来会社が飛躍するための決議ですから、この決議には、株主の賛成を比較的得やすいと考えます。

(2)　後継者のいる場合

事業の後継者がいる場合は、後継者のためにも、通常の株式会社に移行してバトンタッチした方が、後継者に対するインセンティブのためにも良いと考えます。

(3)　経営者がやる気のある場合

やる気のある経営者がいる特例有限会社は、まず通常の株式会社に移行し、取締役会を設置する等機関を充実してイメージアップを図り、将来の飛躍に備えるべきと考えます。

(4)　取締役会、会計監査人を設置したい場合

取締役会および会計監査人は、通常の株式会社でなければ設置することができません（平成17年整備法17条）ので、取締役会を設置する場合には、通常の株式会社へ移行する必要があります。

(5)　１人取締役を、通常の株式会社のように代表取締役として登記をしたい
　　場合

取締役１人の特例有限会社の取締役は、通常の株式会社のように代表取締役として登記をすることはできません（平成17年整備法43条１項参照）。したがって、１人取締役の特例有限会社が当該取締役を通常の株式会社のように代表取締役として登記をするためには、通常の株式会社へ移行する以外にありません。

(6)　商号に株式会社という文字を用いたい場合

　特例有限会社は、会社法上の株式会社ですが、商号に株式会社という文字を用いることはできません（平成17年整備法3条2項）。したがって、商号に株式会社という文字を用いるためには、通常の株式会社に移行しなければなりません。■

Q49　特例有限会社が通常の株式会社へ移行する手順

■Q　特例有限会社が通常の株式会社へ移行する場合の手順について、その概要をご説明ください。なお、通常の株式会社へ移行するための決議に際しては、定款変更の決議のほかに「通常の株式会社へ移行する旨の決議」も必要でしょうか。

■A　特例有限会社が通常の株式会社へ移行する場合の手順は、①定款を変更して、その商号中に株式会社という文字を用いる商号の変更をし（平成17年整備法45条1項）、次いで、②当該特例有限会社については解散の登記、商号の変更後の株式会社については設立の登記を申請します。この場合、①の登記の申請および②の登記の申請は、同時にしなければなりません（平成17年整備法46条）。

　　特例有限会社が通常の株式会社へ移行するための特別決議に際しては、商号中に「株式会社」という文字を用いる定款変更の決議のみをすれば足ります。

■■ 解　説

1．特例有限会社が通常の株式会社へ移行する手順

　平成17年整備法45条は「①特例有限会社は、第3条1項の規定にかかわらず、定款を変更してその商号中に株式会社という文字を用いる商号の変更をすることができる。②前項の規定による定款の変更は、次条の登記（本店の所在地におけるものに限る。）をすることによって、その効力を生ずる。」と規定し、次条の平成17年整備法46条は「特例有限会社が前条第1項の規定による定款の変

更をする株主総会の決議をしたときは、その本店の所在地においては2週間以内に、その支店の所在地においては3週間以内に、当該特例有限会社については解散の登記をし、同項の商号の変更後の株式会社については設立の登記を申請しなければならない。この場合においては、会社法第915条第1項の規定は適用しない。」と規定しています。したがって、特例有限会社が通常の株式会社へ移行する場合の手順としては、まず、①定款を変更して、その商号中に株式会社という文字を用いる商号の変更をし（平成17年整備法45条1項）、次いで、②当該特例有限会社については解散の登記、商号の変更後の株式会社については設立の登記を同時に申請することになります（平成17年整備法46条）。

2．通常の株式会社へ移行する旨の決議の要否

特例有限会社が通常の株式会社へ移行するための特別決議に際しては、商号中に「株式会社」という文字を用いる定款の変更の決議のみをすれば足り、通常の株式会社へ移行する旨の決議をする必要はありません。したがって、特例有限会社の商号変更による株式会社の設立登記申請書には、定款（定款変更の決議をした株主総会議事録を含む。）および代理人によって申請する場合の委任状を添付すれば足ります（平成17年整備法136条20項、商登法18条、46条2項）。

Q50　特例有限会社が通常の株式会社へ移行の登記後、元の特例有限会社へ移行することの可否

Q 特例有限会社が通常の株式会社へ移行の登記をした後、通常の株式会社から元の特例有限会社へ移行の登記を申請することができますか。

A 通常の株式会社から元の特例有限会社へ移行の登記を申請することはできません。

解説

整備法および会社法には、特例有限会社が通常の株式会社へ移行の登記をした後、元の特例有限会社へ移行する手続は設けられていません。したがって、

特例有限会社が通常の株式会社へ移行するに際しては、慎重な判断が必要です。■

Q51　特例有限会社が商号を変更して通常の株式会社へ移行する場合、移行後の商号中、会社の種類を表す部分以外の部分を、特例有限会社時代と異なるものに変更することは可能でしょうか。

Q　特例有限会社が商号を変更して通常の株式会社へ移行する場合、商号中、会社の種類を表す部分以外の部分を、特例有限会社時代と異なるものに変更することは可能でしょうか。また、この場合、商号変更の登録免許税は必要でしょうか。

A　移行後の株式会社の商号については、自由に選択することが可能で、これによって登録免許税が加算されることはありません。

■ 解 説

1．通常の株式会社へ移行する場合と移行後の商号

平成17年整備法45条1項は、「特例有限会社は、第3条第1項の規定にかかわらず、定款を変更してその商号中に株式会社という文字を用いる商号の変更をすることができる。」と規定していますが、変更後の商号については、「株式会社」という文字を用いること以外に制約は設けていません。したがって、通常の株式会社が商号を変更する場合と同様に自由に変更することができます。

2．商号変更による設立の登記と登録免許税

特例有限会社が商号を変更して通常の株式会社へ移行する場合、変更後の商号は、株式会社の設立の登記の登記事項に当然に含まれますので、たとえ商号中の会社の種類を表す部分以外の部分を、特例有限会社時代と異なるものに変更したとしても、別途登録免許税が課税されることはありません。■

Q52 特例有限会社が商号を変更して通常の株式会社へ移行する場合と機関設計

Q 特例有限会社が商号を変更して通常の株式会社へ移行する場合、機関設計はどのように考えればよいでしょうか。

A 特例有限会社が商号を変更して通常の株式会社へ移行する場合の機関設計は、株式会社を設立する場合と同様に考えればよいでしょう。

■ 解 説

1．機関設計とは

株式会社の機関には、①株主総会、②取締役、③取締役会、④会計参与、⑤監査役、⑥監査役会、⑦会計監査人、⑧監査等委員会、⑨指名委員会等があります。①および②の機関は、株式会社（特例有限会社を含む。）である以上、必ず設置しなければなりません（会社法295条1項参照、326条1項）が、その他の機関は定款の定めによって置くことができます（会社法326条2項）。そこで、法律上の制約（公開会社、取締役会設置会社等には、設置する機関について法律上の規制があります。）と企業経営および企業統治のシステムの構築を考えて、どのような機関を配置するかが機関設計の問題です。なお、会計監査人、監査役会、監査等委員会、指名委員会等は、中小企業では通常設置しませんので、必要な場合に限り述べることにしました。

2．公開会社と非公開会社

機関設計に際しては、どのような目的で特例有限会社から通常の株式会社へ移行するかを念頭に踏まえて考える必要がありますが、その際、大前提として問題になるのが、公開会社（会社法2条5号）になるか否か（公開会社でない会社を、以下「非公開会社」と称します。）ということです。何故なら、公開会社は、取締役会および監査役を設置し（会社法327条1項1号、327条2項）、取締役が3人以上必要になるからです（会社法331条4項）。

ところで、公開会社とは、その発行する全部または一部の株式の内容として

譲渡による当該株式の取得について当該株式会社の承認を要する旨の定めを設けていない株式会社をいいます（会社法2条5号）。ここで、留意すべきは、発行する一部の株式の内容として株式譲渡制限の定めを設けていないということは、一部の株式の内容として株式譲渡制限の定めを設けているということです。つまり、発行する全ての株式の内容として株式譲渡制限の定めを設けていない株式を発行する会社または発行する一部の株式の内容として株式譲渡制限の定めを設けている会社が公開会社ということになります。公開会社になりますと、株主は自由に持株を譲渡できるようになりますので、どのような者が新たに株式を取得するか予測できず、小規模の会社の場合、スムーズな会社の運営が阻害されるおそれがあり、要注意です。

　非公開会社とは、公開会社でない会社、すなわち、その発行する全部の株式の内容として譲渡による当該株式の取得について当該株式会社の承認を要する旨の定款の定め（これは株式の内容として、登記事項にされています。）を設けている株式のみを発行する会社をいいます（会社法2条5号参照）。特例有限会社が商号を変更して通常の株式会社へ移行する場合は、特段の事情がない限り、非公開会社を選択すべきと考えます。なお、特例有限会社の定款には「その発行する全部の株式の内容として当該株式を譲渡により取得することについて当該特例有限会社の承認を要する旨および当該特例有限会社の株主が当該株式を譲渡により取得する場合においては当該特例有限会社が会社法第136条又は第137条第1項の承認をしたものとみなす旨の定めがあるものとみなす。」とされています（平成17年整備法9条1項）ので、特例有限会社は非公開会社ということになります。

3．機関設計のルール

　現実の機関設計でポイントになるのは、まず、①「取締役会を設置するか否か」ということだと考えます。なぜなら、取締役会設置会社には、3人以上の取締役（会社法331条4項）および監査役の設置が必要になるからです（会社法327条2項。ただし、非公開会社で会計参与設置会社は、監査役を設置しないこともできます。）。このように、機関設計には法律上の制約があります。次に、機関設計のルール

ついて述べます。

(1) すべての株式会社には、株主総会の他、取締役を設置しなければならない（会社法295条1項参照、326条1項）。

(2) 取締役会を設置するには、監査役（監査役会を含む。）、監査等委員会または指名委員会等のいずれかを設置しなければならない。ただし、大会社以外の非公開会社において、会計参与を設置する場合は、この限りでない（会社法327条2項本文、328条1項）。

(3) 公開会社には、取締役会を設置しなければならない（会社法327条1項1号）。

(4) 監査役（監査役会を含む。）と監査等委員会または指名委員会等をともに設置することはできない（会社法327条4項）。

(5) 取締役会を設置しない場合には、監査役会、監査等委員会および指名委員会等を設置することはできない（会社法327条1項）。

(6) 会計監査人を設置するには、監査役（監査役会を含む。）、監査等委員会または指名委員会等（公開会社にあっては、監査役会または指名委員会等）のいずれかを設置しなければならない（会社法327条3項、328条）。

(7) 会計監査人を設置しない場合には、監査等委員会および指名委員会等を設置することはできない（会社法327条5項）。

(8) 大会社には、会計監査人を設置しなければならない（会社法328条1項）。

(9) 取締役の員数は、1人または2人以上である（会社法326条1項）が、取締役会を置く場合には3人以上必要である（会社法331条5項）。

(10) 非公開会社（監査役会設置会社および会計監査人設置会社を除く。）が監査役を置く場合には、定款に定めれば、監査役の監査の範囲を「会計に関するもの」に限定することができる（会社法389条1項）。

4．現実の機関設計

現実の機関設計に際しては、次のQ53（「通常の株式会社への移行に際して選択できる機関設計」）の中から、最適のものを選ぶことになりますが、一般的には、Q53の解説の1の①か⑧でしょう。▊

▓　Q53　通常の株式会社への移行に際して選択できる機関設計　▓

Q　特例有限会社が商号を変更して通常の株式会社へ移行する場合、どのような機関設計を選択できるのでしょうか。

A　特例有限会社が商号を変更して通常の株式会社へ移行する場合には非公開会社は、次の解説の項で述べる29種類の機関設計の中から適宜のものを選択できますが、現実には、１の①か⑧を選択される場合が多いと考えます。

▓▓ 解 説

　特例有限会社が商号を変更して通常の株式会社へ移行する場合は、移行する株式会社は、非公開会社で非大会社と思われますので、その機関設計は19種類ですが、非公開会社で、大会社を含めると29種類になります。なお、大会社とは、①最終事業年度に係る貸借対照表（会計監査人設置会社にあっては、定時株主総会に報告された貸借対照表をいい、株式会社の成立後最初の定時株主総会までの間においては、株式会社成立の日における貸借対照表をいう。）に資本金として計上した額が５億円以上の株式会社または②最終事業年度に係る貸借対照表の負債の部に計上した額の合計額が200億円以上の株式会社をいいます（会社法２条６号）ので、特例有限会社の移行の場合には、余り考慮する必要はないと考えます。

　ところで、通常利用される機関設計としては、１の①か⑧が多いと考えますが、株主総会および取締役は必ず必要な機関ですから、これを設置する旨定款に定める必要はありませんが、それ以外の機関を設置する場合は、必ず定款にこれを設置する旨定めなければなりません（会社法326条２項）。

1．非公開・非大会社

① 株主総会・取締役

② 株主総会・取締役・会計参与

③ 株主総会・取締役・監査役（※）

④　株主総会・取締役・会計参与・監査役（※）

⑤　株主総会・取締役・監査役・会計監査人

⑥　株主総会・取締役・会計参与・監査役・会計監査人

⑦　株主総会・取締役・取締役会・会計参与（◎）

⑧　株主総会・取締役・取締役会・監査役（※）

⑨　株主総会・取締役・会計参与・取締役会・監査役（※）

⑩　株主総会・取締役・取締役会・監査役・監査役会

⑪　株主総会・取締役・会計参与・取締役会・監査役・監査役会

⑫　株主総会・取締役・取締役会・監査役・会計監査人

⑬　株主総会・取締役・会計参与・取締役会・監査役・会計監査人

⑭　株主総会・取締役・取締役会・監査役・監査役会・会計監査人

⑮　株主総会・取締役・会計参与・取締役会・監査役・監査役会・会計監査人

⑯　株主総会・取締役・取締役会・監査等委員会・会計監査人

⑰　株主総会・取締役・会計参与・取締役会・監査等委員会・会計監査人

⑱　株主総会・取締役・取締役会・指名委員会等・会計監査人

⑲　株主総会・取締役・会計参与・取締役会・指名委員会等・会計監査人

（注）※…会社法389条1項の定めがある場合でもよい。

　　　◎…この場合は、監査役を置く必要はありません（会社法327条2項）。

2．非公開・大会社

①　株主総会・取締役・監査役・会計監査人

②　株主総会・取締役・会計参与・監査役・会計監査人

③　株主総会・取締役・取締役会・監査役・会計監査人

④　株主総会・取締役・会計参与・取締役会・監査役・会計監査人

⑤　株主総会・取締役・取締役会・監査役・監査役会・会計監査人

⑥　株主総会・取締役・会計参与・取締役会・監査役・監査役会・会計監査人

⑦　株主総会・取締役・取締役会・監査等委員会・会計監査人

⑧　株主総会・取締役・会計参与・取締役会・監査等委員会・会計監査人

⑨　株主総会・取締役・取締役会・指名委員会等・会計監査人

⑩　株主総会・取締役・会計参与・取締役会・指名委員会等・会計監査人

Q54　特例有限会社が商号を変更して通常の株式会社へ移行する場合に変更する定款とその留意点

Q　特例有限会社が商号を変更して通常の株式会社へ移行する場合には、商号を変更する定款の変更が必要ですが、この場合どのような点に留意したらよいでしょうか。また、この機会に併せて定款の変更をした方が良い点があればご教示ください。

A　特例有限会社の定款変更に際しては、定款変更のための特別決議の要件、株式譲渡制限の定めのあり方および機関設計に留意し、将来、会社の発展に伴い必要となる定款の記載事項の変更、例えば①発行可能株式総数、②目的および③事業承継のための種類株式等、将来の資金調達、事業展開および事業承継に役立つ定款の変更を検討されてはいかがでしょうか。

　なお、平成17年整備法の施行に伴う定款の手直し（書換え）が未了の特例有限会社は、この機会に定款の全面見直しをされることをお勧めします。

■ 解 説

1．特例有限会社の定款変更の決議

　特例有限会社の定款変更の決議は、「総株主の半数以上（これを上回る割合を定款に定めた場合にあっては、その割合以上）であって、当該株主の議決権の4分の3（これを上回る割合を定款に定めている場合にあっては、その割合）以上に当たる多数をもって行わなければならない。」（平成17年整備法14条3項、

会社法309条2項）というように、特別決議の要件が通常の株式会社の特別決議よりも相当厳しくなっています。たとえ、発行済株式の90％以上を所有していたとしても、総株主の半数以上（これは株主の頭数条件です。）の賛成がなければ、特例有限会社は通常の株式会社へ移行することができません。

2．株式譲渡制限の定め（非公開会社）の必要性

　公開会社になりますと、株式の譲渡が自由になる上、取締役会および監査役設置が必要となり、取締役も3人以上必要となりますので、特段の事情のない限り、非公開会社を選択した方が良いと考えます。特例有限会社の定款には、すでに「その発行する全部の株式の内容として当該株式を譲渡により取得することについて当該特例有限会社の承認を要する旨および当該特例有限会社の株主が当該株式を譲渡により取得する場合においては当該特例有限会社が会社法第136条または第137条第1項の承認をしたものとみなす」旨の定めがあるものとみなされ（平成17年整備法9条1項）、登記官の職権で「当会社の株式を譲渡により取得することについて当会社の承認を要する。当会社の株主が当会社の株式を譲渡により取得する場合においては当会社が承認したものとみなす。」という登記がなされています。

　したがって、定款のこの条文を変更する必要のない限り、定款のこの規定を変更する必要はありません。なお、取締役会設置会社になる場合には、「当会社の株式を譲渡により取得することについて取締役会の承認を要する。」という定め方もありますが、この定め方をした場合には、将来取締役会を廃止することになった場合、その登記と登録免許税の問題が生じます（登免税法別表24号㈠ワ）ので、「当会社の承認を要する」旨の定め方がよいと考えます。この定め方ですと、取締役会設置会社では取締役会の決議、それ以外の会社では株主総会の決議となります（会社法139条1項）。

3．特例有限会社の通常の株式会社への移行に伴う機関設計と定款の記載

　特例有限会社が商号を変更して通常の株式会社へ移行する場合に取締役会を置くときまたは監査役を置くときは、定款の定めが必要になります。

4．商号変更と同時に変更することを検討すべき定款の記載事項

　将来、会社の発展に伴い必要となる定款の記載事項の変更があれば、通常の株式会社へ移行する際に変更しておいた方が合理的です。何故なら、移行の登記は、株式会社の設立の登記と特例有限会社の解散の登記になりますが、変更後の登記事項は設立の登記の登記事項となり、登録免許税は、設立の登記の登録免許税の中に含まれますので、節税になります。

　会社の発展に伴い必要となる定款の記載事項の変更には、次のようなものが考えられます。

(1)　発行可能株式総数

　平成17年整備法施行時の特例有限会社の発行可能株式総数および発行済株式の総数は、旧有限会社の資本の総額を出資一口の金額で除して得た数とされています（平成17年整備法2条3項）。つまり、旧有限会社の資本の総額が300万円、出資一口の金額が5万円としますと、発行可能株式総数および発行済株式の総数は、60株ということになり、募集株式の発行をするためには発行可能株式総数の増加が必要になりますので、商号変更と併せて必ず発行可能株式総数を変更すべきといえます。なお、非公開会社の場合は、公開会社のように発行可能株式総数の増加数について制限はありません（会社法113条3項）が、余りに多い数はいかがかと考えますので、将来の資金調達等を考え、発行済株式の総数の10倍程度が適当ではないかと考えます。

(2)　目　　的

　将来の事業展開を考え、進出したい事業があれば記載しておきます。

(3)　その他

　①　特例有限会社の定款に存続期間の定めがある場合には、通常の株式会社への移行を機会に廃止した方がよいと考えます。

　②　将来の資金調達、事業承継対策等を考え種類株式が発行できるようにしておくことも検討に値しますが、この点については、会社の個別事情を踏まえて判断すべきと考えます。

　③　「相続人等に対する株式売渡の請求に関する定め」を設けるか否かについては、株主構成および株主の持株数等を踏まえ、導入に際しては、

その「定め方」に留意する必要があります。■■

Q55　特例有限会社が商号を変更して通常の株式会社へ移行する場合に在任している取締役等の任期

Q　特例有限会社が商号を変更して通常の株式会社へ移行する場合、移行時に在任している取締役または監査役の任期はどのようになるのでしょうか。

　なお、特例有限会社の取締役または監査役については、定款に任期の定めはありません。

A　特例有限会社が商号を変更して通常の株式会社へ移行する場合、移行時に在任している特例有限会社時代に就任した取締役または監査役は、移行の登記を申請した時点から会社法332条または336条の規律に服することになります（平成17年整備法18条参照）。そこで、移行の登記申請時に在任している取締役については選任後2年以内、監査役については選任後4年以内に終了する事業年度のうち最終のものに関する定時株主総会が終結している場合は、当該取締役または監査役は、通常の株式会社へ移行の登記申請の時に任期満了退任することになります。ただし、会社法332条1項ただし書、2項〜4項に該当する場合は、当該規定に従い任期を計算することになり、退任することになる場合は、退任の時期は、いずれの場合も、定時株主総会の終結の時ではなく、移行の登記申請の時であることに留意してください。

　なお、移行の登記申請時に会社法332条または336条に規定する任期が残っている取締役または監査役は、辞任しない限り、残存任期中は在任することになります。ただし、商号変更後の通常の株式会社の定款に「補欠又は増員により選任された取締役の任期は、他の取締役の任期の残存期間と同一とする。」旨の定めがある場合には、他の取締役の退任

に伴い、補欠または増員により選任された取締役も任期満了により退任することになります（松井信憲『商業登記ハンドブック（第4版）』607頁（商事法務、2021年））。このことは、補欠監査役についても同様です。

▌解　説

1．特例有限会社の取締役または監査役の任期

　特例有限会社の取締役または監査役には、会社法332条または336条の規定は適用されません（平成17年整備法18条）。したがって、定款で取締役または監査役の任期を定めていない限り、特例有限会社の取締役または監査役には、旧有限会社時代と同様、任期の定めがないことになります。

2．移行の登記申請時に在任している取締役または監査役の任期

　特例有限会社が商号を変更して通常の株式会社へ移行する場合に現に在任している特例有限会社時代に就任した取締役または監査役は、辞任しない限り、移行の登記の申請によって当然には退任しません。ただし、当該取締役または監査役は、移行の登記を申請した時点から会社法332条または336条の規律に服することになります（平成17年整備法18条参照）。そこで、移行の登記申請時に在任している取締役については選任後2年以内、監査役については選任後4年以内に終了する事業年度のうち最終のものに関する定時株主総会が終結している場合は、当該取締役または監査役は、通常の株式会社へ移行と同時に任期満了退任することになります（遡及して退任することはありません。）。ただし、会社法332条1項ただし書、2項〜4項に該当する場合は、当該規定に従い任期を計算することになりますが、退任することになる場合の退任の時期は、いずれの場合も、定時株主総会の終結の時ではなく、移行の登記申請の時であることに留意してください。

　なお、移行の登記申請時に会社法332条または336条に規定する任期が残っている取締役または監査役は、辞任しない限り、残存任期中は在任することになります。ただし、商号変更後の通常の株式会社の定款に「補欠又は増員により選任された取締役の任期は、他の取締役の任期の残存期間と同一とする。」旨の定めがある場合には、他の取締役の退任に伴い、補欠または増員により選任

された取締役も任期満了により退任することになります（松井信憲『商業登記ハンドブック（第4版）』607頁（商事法務、2021年））。このことは、補欠監査役についても同様です。■

Q56 特例有限会社が商号を変更して通常の株式会社へ移行する場合と移行時に就任する取締役の選任方法

Q 特例有限会社が商号を変更して通常の株式会社へ移行する場合に、会社法332条の規定によれば取締役の任期がすでに満了しているか、または移行の登記に合わせて辞任するときは、移行時に就任する取締役や監査役の選任は、どのようにすればよいのでしょうか。

A 特例有限会社が商号を変更して通常の株式会社へ移行する場合、移行の時に就任する取締役や監査役は、当該特例有限会社の株主総会において選任するのが原則ですが、商号を変更する定款変更の際、変更後の定款の附則に定めることも可能と考えます。なお、監査役は、定款に監査役を置く旨定めている会社、取締役会設置会社（監査等委員会設置会社、指名委員会等設置会社および非公開会社で会計参与設置会社を除く。）および会計監査人設置会社（監査等委員会設置会社および指名委員会等設置会社を除く。）に限って選任することになります（会社法326条2項、327条2項）。

■ **解 説**

1. 通常の株式会社への移行と株主総会の決議

(1) 定款変更の決議

特例有限会社が通常の株式会社へ移行するためには、その商号中に「株式会社という文字を用いる商号の変更」をするための定款の変更をすることになります（平成17年整備法45条1項）ので、将来株式会社として活動し、発展していくために必要な定款の記載事項は、この際併せて変更する方が、原則として登録

免許税も特例有限会社の商号変更による株式会社の設立登記（移行の登記は、①特例有限会社の商号変更による株式会社設立の登記および②特例有限会社の商号変更による解散の登記の 2 本立てです。）の登録免許税に含まれますので合理的でありかつ節税になります。

　なお、特例有限会社の定款変更の決議は、総株主の半数以上（これを上回る割合を定款で定めた場合にあっては、その割合以上）であって、当該株主の議決権の 4 分の 3 （これを上回る割合を定款で定めた場合にあっては、その割合）以上に当たる多数をもって行わなければなりません（平成17年整備法14条 3 項、会社法309条 2 項）。

　⑵　取締役および監査役の選任

　特例有限会社も会社法上の株式会社ですから、平成17年整備法で会社法の規定の適用除外を規定していない限り会社法の規定が適用されます。そこで、特例有限会社が商号変更をして通常の株式会社へ移行する場合、移行時に取締役や監査役が辞任または任期満了によって退任するときは、移行後に就任する取締役や監査役を当該特例有限会社の株主総会において選任することになります（会社法329条 1 項、平成17年整備法14条～21条参照）。

　なお、監査役は、取締役会設置会社（監査等委員会設置会社、指名委員会等設置会社および非公開会社で会計参与設置会社を除く。）、会計監査人設置会社（監査等委員会設置会社、指名委員会等設置会社を除く。）および定款に監査役を置く旨定めている場合に限って選任することができます（会社法326条 2 項、327条 2 項）。

　2 ．定款の附則に取締役または監査役を定めることの可否

　特例有限会社が通常の株式会社へ移行するためには、その商号中に「株式会社という文字を用いる商号の変更」をするための定款の変更をすることになります（平成17年整備法45条 1 項）ので、特に取締役会設置会社の場合は、変更後の定款の附則に通常の株式会社へ移行時に就任する代表取締役（取締役会設置会社においては、原則として代表取締役は定款の附則に定めることになります。）とともに取締役または監査役を定めることも可能と考えます。

3．取締役または監査役が移行の登記申請時に任期満了または辞任により退任することとなる場合に後任者を選任してないときの取扱い

　特例有限会社が商号変更をして通常の株式会社へ移行する場合に、移行の時をもって取締役や監査役が任期の満了または辞任により退任するときは、移行後に就任する取締役や監査役を選任する必要がありますが、これを選任していない場合は、任期の満了または辞任により退任した取締役または監査役は、新たに選任された取締役または監査役が就任するまで、なお取締役または監査役としての権利義務を有するとされています（会社法346条１項）。そこで、移行時に就任する取締役または監査役を選任していない場合は、任期の満了または辞任により退任した取締役または監査役を取締役または監査役として登記することができますが、選任懈怠として過料の対象になります（会社法976条22項）ので、要注意です。

4．通常の株式会社への移行の登記申請時に就任した取締役等の任期の起算日

　通常の株式会社への移行の登記申請時に就任した取締役等の任期の起算日は、選任の時か、移行の登記の時かという問題です。既述のように、役員の任期については、移行の登記申請の時から会社法の規定が適用されます。移行の登記は、①商号変更による特例有限会社の解散の登記と②商号変更による株式会社の設立の登記ですが、これは登記上のテクニックであって、「実体上は、あくまでも商号を変更する定款変更であり」（小川秀樹・相澤哲『会社法と商業登記』277頁（金融財政事情研究会、2008年））、これに基づく登記ですから、たとえ設立時に就任した役員であっても、通常の設立登記の場合と異なり、任期の起算点は選任の時と解すべきものと考えます。ただし、移行の登記を停止条件に取締役会設置会社および監査役設置会社になる旨の定款の変更をし、当該定款の附則に代表取締役と並んで取締役および監査役を定めた場合には、取締役および監査役の任期の起算日は移行の日になると考えます。■|

■ **Q57　特例有限会社が商号を変更して通常の株式会社へ移行する** ■

場合と移行時に在任している代表取締役の地位の帰趨および移行時に就任する代表取締役の選定方法

Q　特例有限会社が商号を変更して通常の株式会社へ移行する場合、移行時に在任している代表取締役はどのようになるのでしょうか。

　また、移行時に就任する代表取締役は、どのようにして選定するのでしょうか。

A　特例有限会社が商号を変更して通常の株式会社へ移行する場合、移行時に在任している代表取締役は、取締役の任期満了により取締役の地位を喪失すれば当然に退任します。また、取締役会の設置等代表取締役の選定方法の変更に伴い退任するものと考えます。なお、特例有限会社時代の代表取締役で、取締役としての残存任期があり、移行の前後を通じて代表取締役の選定方法に変更がない場合には、当該代表取締役は、特段の事情がない限りなお代表取締役としての地位を有するものと考えます。

　代表取締役の選定については、移行後の株式会社が、①取締役会設置会社の場合は定款の附則に定めるかまたは定款に代表取締役は株主総会で選定する旨の定めがあるときは、株主総会で選定し、②定款に「取締役の互選により代表取締役を定める」旨の定めがあり、移行前の取締役と移行後の取締役の全員が同じ場合は取締役の互選で、取締役の全員が同一でない場合は定款の附則に定め、③①および②以外の取締役会非設置会社の場合は株主総会の決議で定め、④①、②および③の方法で代表取締役を定めていない場合は取締役全員が代表取締役になります（会社法349条1項、2項、3項）。

▌▌解 説

1．移行時に在任している代表取締役の地位の帰趨

特例有限会社が商号を変更して通常の株式会社へ移行する場合、移行時に在

任している代表取締役は、取締役の任期満了により取締役の地位を喪失すれば当然に退任します。また、取締役会の設置等代表取締役の選定方法の変更に伴い退任するものと考えます。

なお、特例有限会社時代の代表取締役で、取締役としての残存任期があり、移行の前後を通じて代表取締役の選定方法に変更がない場合には、特段の事情がない限り、当該代表取締役はなお代表取締役としての地位を有するものと考えます。

2．移行時における代表取締役選定の方法

特例有限会社には取締役会の制度が認められておらず（平成17年整備法17条1項参照）、取締役会は、移行の登記を申請して初めて設置可能になります。したがって、移行の登記申請前に取締役会で代表取締役を選定することはできません。そこで、移行後の代表取締役は、次の方法により選定することになります。

① 定款の附則に定める（会社法349条3項）

　　取締役会設置会社の場合は、この方法によります。ただし、定款に「代表取締役は株主総会で選定する」旨の定めがあるときは、株主総会で選定することができます。

② 定款の定め（定款に「代表取締役は、取締役の互選により定める」旨の定めがある場合）に基づく取締役の互選により選定します（会社法349条3項）。

③ 株主総会の決議により選定します（会社法349条3項）。

　　なお、前述のように、取締役会設置会社においても、定款に「代表取締役の選定は株主総会の決議によってする」旨の定めがあれば、株主総会の決議で代表取締役を選定することができます。

④ ①、②および③の方法で代表取締役を定めていないときは、取締役全員が代表取締役になります（会社法349条1項・2項、47条1項参照）。

3．定款の附則に代表取締役を定めた場合と株主総会議事録の署名義務者

定款の附則に代表取締役を定めた場合および取締役会設置会社において、定款に「代表取締役は株主総会で選定する」旨の定めがある場合に当該定款の定

めに基づき株主総会の決議で代表取締役を選定したときには、当該株主総会の議事録（定款の附則に定めた場合は、定款変更の決議をした株主総会の議事録）が添付書面となります（商登法46条2項）。

　ところが、この株主総会議事録については、議事録の作成に係る職務を行った取締役の氏名は記載事項とされています（会社法施行規則72条3項6号）が、署名義務者については会社法に規定はありません。しかし、商業登記規則61条6項1号の規定は適用されますので、当該議事録には、原則として、議長および出席取締役の署名または記名押印と当該議事録の印鑑について市町村長作成の印鑑証明書の添付が必要になります。ただし、登記所届出印が押印されている場合（押印している者の印鑑がその者の登記所届出印と同一である場合）は、その必要はありません（商登規61条6項ただし書）。■■

Q58　特例有限会社が商号を変更して通常の株式会社へ移行する場合の登記申請の方法

Q　特例有限会社が商号を変更して通常の株式会社へ移行する場合の登記申請の方法について、その概要を説明してください。

A　特例有限会社が商号を変更して通常の株式会社へ移行する場合の登記の申請は、①特例有限会社の商号変更による解散の登記および②特例有限会社の商号変更による株式会社設立の登記の2件に分けて、商号を変更する定款変更の株主総会の決議のときから、その本店の所在地においては2週間以内に、①および②の登記の申請を同時にすることとされています（平成17年整備法46条）。この場合、いずれかの申請に商業登記法24条各号のいずれかに掲げる事由があるときは、これらの申請は共に却下されます（平成17年整備法136条23項）。

　なお、①登記の事由、②登記すべき事項、③課税標準金額、④登録免許税および⑤添付書類については、以下の説明をご覧ください。

1．特例有限会社の商号変更による株式会社設立登記申請書

(1)　登記の事由

　　登記の事由は「令和○○年○月○日商号変更による設立」で、「年月日」は商号変更の決議をした日を記載します。

(2)　登記すべき事項

　　登記すべき事項は、次のとおりです。

　　①　通常の設立の登記の登記すべき事項と同一の事項。なお、移行と同時に、役員、発行可能株式総数、目的、取締役会設置会社である旨、監査役設置会社である旨および資本金の額その他登記すべき事項に変更が生じたときは、変更後の事項を記載すればよいとされています（平成18年3月31日民商782号民事局長通達）。移行前の代表取締役の住所と移行後の代表取締役の住所が異なる場合も、代表取締役が同一人であることが確認できる限り、変更後の住所で登記することができます。

　　②　会社成立の年月日（これは有限会社の設立登記年月日です。）、特例有限会社の商号ならびに商号を変更した旨およびその年月日（平成17年整備法136条19項）。

　　③　特例有限会社の成立後登記されて現に効力を有する独立の登記事項。これには、支配人の登記等があります（松井信憲『商業登記ハンドブック（第4版）』609頁（商事法務、2021年））。

(3)　課税標準金額

　　登記する資本金の額を記載します。ただし、募集株式の発行等により資本金の額が増加する場合には、「金○○万円。ただし、内金○○万円は、商号変更の直前における資本金の額を超過する部分である。」というように記載します。

(4)　登録免許税

　　資本金の額の1,000分の1.5（商号変更の直前における資本金の額を超過する部分については1,000分の7）。これによって計算した税額が3万円に満たないときは、申請件数1件につき3万円です（登免

税法17条の３、登免税法別表一24号㈠ホ)。

　⑸　添付書類

　　添付書類は、次のとおりです。なお、詳細は、Ｑ65（109頁）をご

参照ください。

　　①　定　　款

　　②　株主総会議事録

　　③　委任状

２．特例有限会社の商号変更による解散登記申請書

　⑴　登記の事由

　　登記の事由は「商号変更による解散」です。

　⑵　登記すべき事項

　　登記すべき事項は「令和○○年○月○日（これは、登記申請の年

月日です。）○○県○○市○町○丁目○番○号○○株式会社に商号

変更し、移行したことにより解散」です。

　⑶　登録免許税

　　金３万円です（登免税法別表一24号㈠レ)。

　⑷　添付書類

　　添付書類は、すべて不要です（平成17年整備法136条22項)。

Q59　特例有限会社の商号変更による移行の登記に併せて当該会社に対する貸付金を現物出資して募集株式の発行をする場合の手続等

Q　特例有限会社が商号を変更して通常の株式会社へ移行する場合に、移行に併せて資本金の額を300万円から800万円に増資する予定です。特例有限会社の株主は、代表取締役Ａおよび取締役Ｂの２名ですが、代表取締役Ａの当該会社に対する貸付金500万円を現物出資し、総数引受契約で実施することは可能でしょうか。可能であれば、手続上の

　留意点および登録免許税についてご教示ください。

　なお、当該会社に対する貸付金の弁済期は到来しており、移行後の会社も非公開会社です。

A　特例有限会社が通常の株式会社への移行の登記に併せて募集株式の発行を総数引受契約で実施し、移行の登記と一括してその登記をすることは可能です。この場合は、募集株式発行の効力発生の日（財産の給付期日等）を移行の登記申請の日と同一の日にする必要があり、登録免許税は合計で39,500円です。

　なお、改正会社法205条2項は、定款に別段の定めがない限り、株主総会（取締役会設置会社にあっては、取締役会）の決議によって総数引受契約の承認を受けなければならないと規定しました。そこで、改正会社法施行後は、定款に別段の定めがない限り、移行後の会社が取締役会設置会社の場合には、取締役会は移行の登記と同時に設置されますので、通常の株式会社への移行の登記に併せて総数引受契約により募集株式の発行をすることは困難となりました。

解 説

1. 特例有限会社に対する債権の現物出資による募集株式の発行

　会社は、当該会社に対する金銭債権（弁済期の到来したものに限る。）を現物出資財産とする募集株式の発行をすることができます。この場合は、株主総会において、①募集株式の数（種類株式発行会社にあっては、募集株式の種類および数）、②募集株式の払込金額またはその算定方法、③現物出資の場合は、その旨ならびに当該財産の内容および価額、④財産の給付期日または給付期間、⑤株式を発行するときは、増加する資本金および資本準備金に関する事項および⑥割当方法（「全株をAに割り当て、総数引受契約によって行う」旨）を定めなければなりません（会社法199条1項）。

　なお、③の価額が当該金銭債権に係る負債の帳簿価額を超えない場合は、検査役の調査は不要です（会社法207条9項5号）。

2．募集株式の発行による変更の登記

　募集株式発行の効力発生の日（財産の給付期日等）が移行の登記申請の日と同じ日の場合には、移行による設立の登記の申請書に募集株式発行後の変更事項、すなわち資本金の額、発行済株式の総数、発行可能株式総数等を記載しても差し支えないとされています（平成18年3月31日民商782号民事局長通達）。このことは、募集株式の発行による登記すべき事項以外の登記すべき事項についても同様に記載することができます。

3．通常の株式会社への移行の登記に併せて募集株式の発行をする場合の留意点

⑴　特例有限会社の募集株式の発行と発行可能株式総数

　特例有限会社の場合、会社法施行後、定款の変更をしていない限り発行可能株式総数と発行済株式の総数は同数です（平成17年整備法2条3項）から、この場合は、発行可能株式総数を増加する定款の変更をする必要があります。

　そこで、発行可能株式総数の変更の効力が移行の登記の申請の時に生ずるように条件付きの定款変更の決議をしておけば、前述のように移行による設立の登記の登記事項として申請でき、かつ、このための登録免許税も不要ですから、合理的です。

⑵　財産の給付期日と移行の登記申請日を同じ日に設定

　前記の説明によってお分かりのように、資本金の額の増加による登記事項を移行の登記の登記事項に併せて申請するためには、増資の効力の発生の日が移行の登記申請の日と同じ日でなければなりません。そこで、財産の給付期日を移行の登記の申請日とする必要があります。

⑶　改正会社法と総数引受契約

　改正会社法205条2項は、定款に別段の定めがない限り、株主総会（取締役会設置会社にあっては、取締役会）の決議によって総数引受契約の承認を受けなければならないと規定しました。そこで、改正会社法施行後は、定款に別段の定めがない限り、移行後の会社が取締役会設置会社の場合には、取締役会は移行の登記と同時に設置されますので、通常の株式会社への移行の登記に併せ

て総数引受契約により募集株式の発行をすることは困難となります。そこで、この対応策として、商号を変更する定款変更の際に例えば「第○条　当会社が株式総数引受契約に基づき募集株式の発行をする場合には、当該契約について株主総会の承認を得るものとする。」という規定を新設してはいかがでしょうか。

⑷　代表取締役Ａの総数引受契約と利益相反取引

現物出資の場合も、総数引受契約（会社法205条）を締結することができますが、代表取締役Ａと当該会社との総数引受契約は、利益相反取引に該当しますので、当該取引についてその必要性等重要な事実を開示して株主総会の承認を得る必要があります（会社法356条1項2号、2項）。

なお、この承認は、移行後の会社が非取締役会設置会社の場合には、⑶の株主総会の決議の際にすることも可能です。

４．登録免許税

財産の給付期日を移行の登記の申請日に合わせて募集株式を発行しその登記を申請する場合は、募集株式の発行による変更の登記の登録免許税も移行の登記の登録免許税に含まれます。

特例有限会社が商号を変更して通常の株式会社へ移行する場合の登録免許税は、資本金の額の1,000分の1.5（商号変更の直前における資本金の額を超過する部分については1,000分の7）です（これによって計算した税額が3万円に満たないときは、申請件数1件につき3万円）から、（300万円×1,000分の1.5）＋（500万円×1,000分の7）＝39,500円になります（登免税法17条の3、登免税法別表一24号㈠ホ）。

Q60　特例有限会社が商号を変更して通常の株式会社へ移行する場合に併せて申請できる登記には、どのような登記がありますか。

Q 特例有限会社が商号を変更して通常の株式会社へ移行する場合には、

特例有限会社の商号変更による株式会社の設立の登記と特例有限会社
の商号変更による解散の登記を同時に申請することになりますが、こ
れらの登記と併せて申請できる登記には、どのような登記があります
か。

A　移行による株式会社の設立の登記においては、組織変更による設立の
登記の場合と同様に、移行の登記の時に効力の生じた事項は、原則とし
て、移行による設立の登記の登記すべき事項として記載して差し支えな
いとされています（平成18年3月31日民商782号民事局長通達）。したがって、
原則として、移行の登記の時に効力の生じた事項は設立の登記の登記す
べき事項として申請することができます。

■ 解 説

　特例有限会社の商号変更による通常の株式会社への移行は、登記をすること
によって効力を生じます（平成17年整備法45条2項）が、移行による株式会社の設
立の登記においては、組織変更による設立の登記の場合と同様に、移行の登記
の時に効力の生じる変更後の登記事項は、次の登記を除き、移行による設立の
登記の申請書に登記すべき事項として記載して差し支えないとされています
（平成18年3月31日民商782号民事局長通達）。

◆本店移転の登記（同一登記所の管轄区域内における移転を含む。）

　なお、移行による設立の登記の申請書に登記すべき事項として記載できない
事項についても、次の事項のように、その効力が生じている事項は、連件とし
て申請することは差し支えありません。■

Q61　特例有限会社が商号を変更して通常の株式会社へ移行する場合に併せて申請できない登記

Q　特例有限会社が商号を変更して通常の株式会社へ移行する場合には、
特例有限会社の商号変更による解散の登記と特例有限会社の商号変更

による株式会社の設立の登記を同時に申請することになりますが、これらの登記と併せて申請することができない登記には、どのような登記がありますか。

A 特例有限会社が商号を変更して通常の株式会社へ移行する場合の登記の申請は、①特例有限会社の商号変更による解散の登記の申請および②特例有限会社の商号変更による株式会社の設立の登記の申請の2件に分けて、同時に申請することになります。そこで、これらの登記の申請と併せて登記の申請をした場合に公示上支障が生じる恐れのある登記または登記の実行が困難となる次の登記は、移行による登記と併せて申請はできないものとされています（松井信憲『商業登記ハンドブック（第4版）』606頁参照（商事法務、2021年））。ただし、これらの事項も、その効力は生じていますので、連件（他管轄への本店移転の場合は、通常は、本店移転の登記を先行させる。）として申請することは差し支えありません（小川秀樹・相澤哲『会社法と商業登記』277頁（金融財政事情研究会、2008年））。

◆本店移転の登記（同一登記所の管轄区域内における移転を含む。）

■ **解 説**

◆本店の移転の登記（同一登記所の管轄区域内における移転を含む。）

　特例有限会社の通常の株式会社への移行の登記は、①特例有限会社の商号変更による株式会社の設立の登記および②特例有限会社の商号変更による解散の登記の2件の同時申請ですが、①の登記においては、(ア)会社成立の年月日、(イ)特例有限会社の商号、(ウ)商号を変更した旨およびその年月日が登記されますが、特例有限会社の本店は登記されません（平成17年整備法136条19項）。したがって、移行後の株式会社の登記簿に新本店が直接記載されますと移行後の株式会社と移行前の特例有限会社の連続性を確認できない不都合が生じるため、設立の登記に併せて本店移転の登記を申請することはできません。■

■ **Q62 特例有限会社の商号変更による移行の登記においては、移** ■

行時に任期満了または辞任した取締役または監査役の登記はどうなるのでしょうか。

Q 特例有限会社が商号を変更して通常の株式会社へ移行する場合に、移行時に任期満了または辞任した取締役または監査役の退任の登記は、特例有限会社の解散の登記において申請するのでしょうか。

A 特例有限会社が商号を変更して通常の株式会社へ移行する場合に、移行時に任期満了または辞任した取締役または監査役の退任の登記は、申請する必要がないと解されています。ただし、この場合の移行による設立の登記には、実質的に退任の登記が含まれることになるため、その登記の申請書には、退任を証する書面として、当該取締役または監査役の辞任の場合には、辞任届の添付を要します（小川秀樹・相澤哲『会社法と商業登記』278頁（金融財政事情研究会、2008年））。

■ 解 説

1．特例有限会社時代に就任している取締役または監査役の任期

　特例有限会社が商号を変更して通常の株式会社へ移行する場合に現に在任している特例有限会社時代に就任した取締役または監査役は、移行の登記を申請した時点から会社法332条または336条の規律に服することになります（平成17年整備法18条参照）。そこで、移行の登記申請時に在任している取締役については選任後2年以内、監査役については選任後4年以内に終了する事業年度のうち最終のものに関する定時株主総会が終結している場合は、当該取締役または監査役は、通常の株式会社へ移行と同時に任期満了退任することになります。ただし、会社法332条1項ただし書、2項〜4項に該当する場合は、当該規定に従い任期を計算し、移行の時点で任期が満了している場合には、移行の登記申請の時点で任期満了退任することになります。退任の時期は、いずれの場合も、定時株主総会の終結の時ではなく、移行の登記申請の時であることに留意してください。

２．移行時に任期満了または辞任した取締役または監査役の退任の登記

特例有限会社が商号を変更して通常の株式会社へ移行する場合に、移行時に任期満了または辞任した取締役または監査役の退任の登記は、実質的に移行による設立の登記に含まれることになるため、別途退任の登記は、申請する必要がないと解されています（小川秀樹・相澤哲『会社法と商業登記』278頁（金融財政事情研究会、2008年））。ただし、設立の登記の申請書には、退任を証する書面として、当該取締役または監査役の辞任の場合には、辞任届の添付を要します。

Q63　特例有限会社の商号変更による株式会社の設立登記においては、取締役、監査役および代表取締役の就任の年月日の登記は要しないのでしょうか。

Q　特例有限会社の商号変更による株式会社の設立登記においては、登記すべき事項として、取締役、監査役および代表取締役の就任の年月日の記録は要しないのでしょうか。

A　特例有限会社の商号変更による株式会社の設立登記においては、登記官が、職権で、すべての取締役および監査役につきその就任の年月日を記録するものとされています（平成18年３月31日民商782号民事局長通達）。

なお、代表取締役については、取締役全員が代表取締役になる各自代表の場合（会社法349条１項本文・２項）以外には、登記官が、職権で、その就任の年月日を記録します。

解 説

１．移行による設立の登記の登記事項

移行による設立の登記の登記すべき事項は、次のとおり、取締役等の就任年月日は登記事項とされていません。

①　通常の設立の登記の登記すべき事項と同一の事項。

②　会社成立の年月日、特例有限会社の商号ならびに商号を変更した旨およ

びその年月日（平成17年整備法136条19項）。

③　特例有限会社の成立後登記されて現に効力を有する独立の登記事項。これには、支配人の登記等があります（松井信憲『商業登記ハンドブック（第4版）』609頁（商事法務、2021年））。

２．取締役、監査役および代表取締役の就任の年月日の記録

登記官が、職権で、すべての取締役および監査役について、その就任の年月日を記録するものとされています（平成18年3月31日民商782号民事局長通達）。これは、商号変更による設立の登記とはいえ就任年月日のない登記を公示することは、混乱を招く可能性もあるところから、登記官の職権記録事項とされたものです（小川秀樹・相澤哲『会社法と商業登記』277頁（金融財政事情研究会、2008年））。

⑴　取締役および監査役の就任年月日の記録

登記官は、特例有限会社の取締役または監査役が商号変更の時に退任しない場合には、その就任年月日（会社設立時から在任する取締役または監査役にあっては、会社成立の年月日）を移記し、取締役または監査役が商号変更の時に就任した場合には、商号変更の年月日を記録することになります（平成18年3月31日民商782号民事局長通達）。

⑵　代表取締役の就任年月日の記録

代表取締役の就任の年月日については、特例有限会社が取締役会設置会社に移行する場合は、商号変更の年月日を記録し、取締役会を設置しない場合に、①定款、定款の定めに基づく取締役の互選または株主総会によって代表取締役を定めたときは、商号変更の年月日を記録し、②特例有限会社時代からの代表取締役のうち、商号変更時に退任しない者（通常の株式会社へ移行しても、なお任期のある取締役の中から選定されている代表取締役で、移行の前後を通じて代表取締役の選定方法に変更がない場合の代表取締役）については、特例有限会社の登記記録における就任年月日（会社設立時から在任する代表取締役にあっては、会社成立の年月日）を移記します（松井信憲『商業登記ハンドブック（第4版）』615頁（商事法務、2021年）、小川秀樹・相澤哲『会社法と商業登記』278頁（金融財政事情研究会、2008年））。

　なお、取締役全員が代表取締役になる各自代表の場合（会社法349条1項本文・2項）には、その就任の年月日を記録する必要はありません（松井信憲『商業登記ハンドブック（第4版）』615頁（商事法務、2021年））。▎▎

Q64　特例有限会社の商号変更による株式会社の設立登記申請書と印鑑証明書の添付を要する場合

Q　特例有限会社の商号変更による株式会社の設立登記の申請書に市町村長の作成した印鑑証明書の添付を要するのは、どのような場合かご説明ください。

A　特例有限会社の商号変更による株式会社の設立登記の申請書に市町村長の作成した印鑑証明書の添付を要するのは、次の場合の印鑑についてです。

1．取締役会非設置会社において、取締役が各自会社を代表する場合に取締役が就任を承諾したことを証する書面の印鑑（商登規61条4項）。ただし、再任の場合は不要です。

2．取締役会設置会社において、代表取締役が就任を承諾したことを証する書面の印鑑（商登規61条5項）。ただし、再任の場合は不要です。

3．次に掲げる場合に応じ、それぞれに定める印鑑。ただし、当該印鑑と変更前の代表取締役が登記所に提出している印鑑とが同一であるときは、印鑑証明書を添付する必要はありません（商登規61条6項ただし書）。

　⑴　株主総会の決議によって代表取締役を定めた場合……議長および出席取締役が株主総会議事録に押印した印鑑（商登規61条6項1号）

　⑵　取締役の互選によって代表取締役を定めた場合……互選を証する書面に押印した印鑑（商登規61条6項2号）

　⑶　取締役会の決議によって代表取締役を選定した場合……出席取締

役および監査役が取締役会の議事録に押印した印鑑（商登規61条6項3号）

Q65　特例有限会社の商号変更による株式会社設立登記申請書の添付書類

Q 特例有限会社の商号変更による株式会社設立登記申請書の添付書類について説明してください。

A 特例有限会社の商号変更による株式会社設立登記申請書の添付書類は、以下のとおりです。

１．定　款（平成17年整備法136条20項）

　商号変更後の株式会社の定款です。

２．株主総会議事録（商登法46条2項）および株主リスト（商登規61条3項）

　定款変更の決議をした株主総会の議事録および株主リストですが、移行と同時に役員の変更、その他登記事項の変更をするときは、設立の登記の申請書に変更後の事項を直接記載するのが通例ですから、これらの変更を証する書面も添付することになります。その際、添付書面の基本となるのが株主総会議事録です。

３．その他の書面

　その他、必要に応じて、次の書面を添付します。

⑴　取締役の退任を証する書面（商登法54条4項）

⑵　取締役および監査役（監査役がいる場合）を選任した株主総会の議事録（商登法46条2項）

⑶　取締役および監査役（監査役がいる場合）の就任の承諾を証する書面（商登法54条1項）

⑷　取締役会非設置会社の取締役の就任の承諾を証する書面の印鑑に係る印鑑証明書。

ただし、再任の場合は添付する必要がない（商登規61条4項）。

(5) 取締役および監査役（監査役がいる場合）が就任を承諾したことを証する書面に記載した氏名および住所と同一の氏名および住所が記載された住民票の写し等の本人確認証明書。ただし、再任の場合または当該取締役等の印鑑証明書を添付している場合は、その必要がない（商登規64条7項）。

(6) 代表取締役の互選を証する書面（商登法46条1項）

(7) 代表取締役の互選の定めのある定款（商登規61条1項）

(8) 互選を証する書面に押印した印鑑に係る印鑑証明書（商登規61条6項2号）。ただし、当該印鑑と変更前の代表取締役が取締役として互選に参加し、登記所に提出している印鑑とが同一であるときは、印鑑証明書を添付する必要はありません（商登規61条6項ただし書）。

(9) 代表取締役の就任の承諾を証する書面（商登法54条1項）

(10) 定款の附則に代表取締役を定めた場合は、当該定款変更の決議をした株主総会の議事録（商登法46条2項）、および同議事録の印鑑について印鑑証明書（商登規61条6項1号）。ただし、当該印鑑と変更前の代表取締役が出席取締役または出席代表取締役として当該株主総会議事録に押印している印鑑を登記所に提出している印鑑とが同一であるときは、印鑑証明書を添付する必要はありません（商登規61条6項ただし書）。

Q66 特例有限会社の商号変更による株式会社の設立登記を書面で申請する場合の印鑑提出の要否

Q 特例有限会社の商号変更による株式会社の設立登記を書面で申請する場合には、代表取締役に変更がない場合でも、代表取締役の印鑑の提出は必要でしょうか。

A　書面で申請する場合は、代表取締役の印鑑の提出は必要です。なお、商業登記法の改正により完全オンライン申請のときは、印鑑の提出は任意となりました（商登法20条の削除、商登規9条1項4号）。

解　説

　この場合は、新たに登記記録を起こすことになりますので、通常の株式会社の代表取締役として、必ず印鑑の提出が必要です。ただし、商業登記法の改正により完全オンライン申請の場合は、印鑑登録制度の任意化が実施されました（商登法20条の削除、商登規9条1項4号参照）。■

第3章　特例有限会社の取締役、代表取締役 および監査役の変更の登記

Q67　特例有限会社の取締役の員数の定め方

Q　特例有限会社の取締役の員数の定め方には、①何人以上、②何人以内、③何人以上何人以内、④何人、という4種類の方法があると考えますが、どの方法がスタンダードでしょうか。

A　③の方法が一番無難です。

解　説

1．特例有限会社の取締役の員数

　特例有限会社の取締役の員数については法律上の制限はありません。したがって、特例有限会社には、取締役は1人以上いればよいことになります。ただし、実務上は、資本金の額、出資者の員数、出資者の出資割合等を総合的に判断して定款に取締役の員数を定めるのが通例ですが、これは定款の任意的記載事項ですから、その記載を欠いても定款の効力に影響はありません。

　なお、会社法349条3項に規定する方法（①定款、②定款の定めに基づく取

締役の互選、③株主総会の決議）によって取締役の中から代表取締役を定める場合には、取締役は2人以上必要になります。

2．取締役の員数の定め方

定款に取締役の員数を定める場合の定め方が問題になりますが、例えば「2人以上5人以内」というように取締役の最低員数と上限を定める③の方法が、最もスタンダードな定め方ですが、上限は、資本金の額、出資者の員数、出資者の出資の割合等を総合的に判断して定めることになりますが、若干余裕をもって定めた方がよいでしょう。

なお、④の方法ですと、ここに定めた員数を1人でも欠きますと「定款に定めた員数を欠く」ことになり、遅滞なく後任者を選任しない場合には、選任懈怠として過料の対象になる可能性がありますので、要注意です（会社法976条22号）。■

Q68　特例有限会社の取締役の一部の者について任期を設けることの可否

Q　特例有限会社の取締役には、旧有限会社法時代と同様、任期の定めがないという理解で差し支えがないでしょうか。また、従業員から選任した取締役等一部の取締役についてのみ定款および選任時の株主総会の決議で任期を定めることは可能でしょうか。

A　特例有限会社の取締役には、旧有限会社法時代と同様、法律上任期の定めはありませんが、定款で任期の定めを設けることは可能です。また、一部の取締役について、定款の定めおよび株主総会の決議によって任期の定めを設けることは可能と考えます。

■ 解　説

1．特例有限会社の取締役の任期

特例有限会社の取締役には法律上任期の定めはありませんが、定款で任期の

定めを設けることは可能です。

2．一部の取締役についてのみ定款および選任時の株主総会の決議で任期を定めることの可否

　株主から選任された取締役については任期の定めを設けず、従業員の中から選任された取締役について任期の定めを設けることは合理的理由もあり（従業員としては優秀であるが、取締役として適格性に欠ける場合等に穏便に取締役を退任してもらうためには任期満了退任が最適です。）、許されるものと考えます（会社法332条1項ただし書参照）。この場合は、定款に、例えば「①株主総会は、取締役の選任に際し、当該取締役について、任期を定めることができる。②この場合の取締役の任期は、選任後2年以内に終了する事業年度のうち最終のものに関する定時株主総会の終結の時までとする。」というような定めを設けていてはいかがでしょうか。■

Q69　未成年者が特例有限会社の取締役または代表取締役に就任する場合の登記の取扱い

Q　民法6条1項の規定による営業の許可を受けていない17歳の未成年者が特例有限会社の取締役または代表取締役に就任する登記の申請は受理されるでしょうか。

A　17歳の未成年者が特例有限会社の取締役（各自代表の取締役を含む。）または代表取締役に就任することについて親権者の同意を得ている場合には、当該登記の申請は受理されるものと考えます。

■ 解　説

1．取締役の資格

　会社法331条1項は、「次に掲げる者は、取締役になることができない。」と規定して、取締役の欠格事由を設けています。したがって、以下の規定に該当する者は、取締役に就任することはできません。

　①法人、②削除、③会社法もしくは一般社団法人及び一般財団法人に関する法律の規定に違反し、または金融商品取引法197条、197条の2第1号から10号の3までもしくは13号から15号まで、198条8号、199条、200条1号から12号の2まで、20号もしくは21号、203条3項もしくは205条1号から6号まで、19号もしくは20号の罪、民事再生法255条、256条、258条から260条までもしくは262条の罪、外国倒産処理手続の承認援助に関する法律65条、66条、68条もしくは69条の罪、会社更生法266条、267条、269条から271条までもしくは273条の罪もしくは破産法265条、266条、268条から272条までもしくは274条の罪を犯し、刑に処せられ、その執行を終り、またはその執行を受けることがなくなった日から2年を経過しない者、④③に規定する法律の規定以外の法令の規定に違反し、禁錮以上の刑に処せられ、その執行を終るまでまたはその執行を受けることがなくなるまでの者（刑の執行猶予中の者を除く。）

2．未成年者と取締役の欠格事由

　会社法は、未成年者を取締役の欠格事由と規定していませんが、一般論として、意思能力のない未成年者が取締役に就任することは、取締役の職務の性質上困難と考えます。

　なお、特例有限会社の取締役は、各自代表が原則ですから、各自代表の特例有限会社の取締役または代表取締役制が設けられている特例有限会社の代表取締役に選定された場合には、次の項で述べるような制限がありますので、ご留意ください。

3．営業の許可を受けていない未成年者が特例有限会社の取締役または代表取締役に就任することの可否

　未成年者も法定代理人から営業の許可を得ればその営業に関しては、成年者と同一の行為能力を有します（民法6条1項）。ただし、この場合には「未成年者の登記」をしなければなりません（商法5条、商登法35条～37条）。

　ところで、未成年者の登記をしていない未成年者も、意思能力がある場合は、法定代理人の同意を得れば取締役に就任することができると解されています（松井信憲『商業登記ハンドブック〈第4版〉』386頁（商事法務、2021年））。したがって、

ご質問の場合は、法定代理人の同意があれば取締役（各自代表の取締役を含む。）または代表取締役に就任する登記の申請も可能と考えます。

なお、代表取締役（各自代表の取締役を含む。）については、対外的な代表権を有する関係上、たとえ法定代理人の同意を得ても、14歳未満の者がなることは困難と解されています（松井信憲『商業登記ハンドブック〈第4版〉』392頁（商事法務、2021年））。

4．未成年者が特例有限会社の取締役に就任する登記申請書の添付書面

未成年者が特例有限会社の取締役に就任する場合には、その登記の申請書に、①取締役選任に係る株主総会議事録、②就任の承諾を証する書面、③法定代理人が同意をしたことを証する書面（同意を与えた者が法定代理人であることを証明する戸籍事項証明書および同意書。ただし、法定代理人の印鑑証明書は、これを添付する規定がありません。）、④印鑑証明書（各自代表の取締役の場合は、就任承諾書および①の株主総会議事録の押印について印鑑証明書）および⑤委任状を添付する必要があります。

なお、特例有限会社の代表取締役に就任する場合には、前記書面のほか、⑥代表取締役の選定を証する書面（定款の定めに基づく取締役の互選の場合は、定款、互選を証する書面および同書面の印鑑について印鑑証明書）、⑦代表取締役の就任の承諾を証する書面および同書面の印鑑について印鑑証明書（この場合は、④の印鑑証明書は不要です。）の添付が必要です。▉

Q70　特例有限会社の取締役または代表取締役の就任による変更の登記申請書に印鑑証明書の添付を要するのはどのような場合でしょうか。

Q　特例有限会社の取締役または代表取締役の就任による変更の登記申請書に印鑑証明書を添付しなければならないのは、どのような場合でしょうか。

なお、この場合、印鑑証明書について有効期間の定めはあるのでし

ょうか。

A 特例有限会社の取締役または代表取締役の就任による変更の登記申請書に印鑑証明書の添付を要するのは、次の場合です。なお、印鑑証明書については有効期間の定めはありません。

1．取締役就任の場合

⑴ 取締役（各自代表の場合）を選任した株主総会議事録に押印した印鑑につき印鑑証明書（商登規61条6項1号）。

⑵ 取締役が就任を承諾したことを証する書面に押印された印鑑につき印鑑証明書（商登規61条4項後段）。ただし、再任の場合は不要です。

2．代表取締役が就任した場合

⑴ 代表取締役を選定した株主総会議事録に押印した印鑑につき印鑑証明書（商登規61条6項1号）。

⑵ 取締役が代表取締役を互選したことを証する書面に押印した印鑑につきに印鑑証明書（商登規61条6項2号）

3．印鑑証明書の有効期間の定めの有無

印鑑証明書については、有効期間の定めはありません（商登規61条6項参照）。

▌▌解 説

1．取締役就任の場合

⑴ 取締役（各自代表の場合）を選任した株主総会議事録に押印した印鑑につき印鑑証明書

議長および出席取締役が株主総会議事録に押印した印鑑について市町村長の作成した印鑑証明書を添付しなければなりません。ただし、当該議事録の印鑑と変更前の取締役が登記所に提出している印鑑とが同一であるとき（当該議事録に押印した取締役が、自分が各自代表の取締役として登記所に提出している印鑑と同じ印鑑を押印しているとき）は、印鑑証明書を添付する必要はありません（商登規61条6項1号）。これは、印鑑証明書を添付する趣旨が代表権を有す

る後任取締役の選任が適法に行われたことを担保するためであるところ、登記所に印鑑を提出している取締役が後任者選任の議事録に議長または出席取締役として登記所に提出している印鑑と同一の印鑑を押印しているときは、その真正が十分担保されるからです。

　なお、商業登記規則61条6項1号は、「株主総会又は種類株主総会の決議によって代表取締役を定めた場合」と規定し、各自代表の取締役の場合には「代表取締役」とあるのは「取締役」とする旨の読み替え規定はありません。しかし、これは旧有限会社法時代の旧商業登記規則も同様でした（旧商業登記規則91条による82条の準用）。各自代表の取締役についても、印鑑証明書を添付する制度の趣旨から判断して商業登記規則61条6項1号を類推適用するのが実務の取扱いです（筧ほか『全訂第3版詳解商業登記』下巻36頁（金融財政事情研究会、2022年））。

　⑵　就任を承諾したことを証する書面に押印された印鑑につき印鑑証明書

　就任の承諾を証する書面に押印された印鑑について市町村長の作成した印鑑証明書を添付しなければなりません（商登規61条4項後段）。ただし、再任（同一人が選任された場合。「重任」でも、「退任、就任」でもよい。）の場合は、不要です。

2．代表取締役に就任した場合

　⑴　代表取締役を選定した株主総会議事録に押印した印鑑につき印鑑証明書

　議長および出席取締役が株主総会議事録に押印した印鑑について市町村長の作成した印鑑証明書を添付しなければなりません。ただし、当該議事録の印鑑と変更前の取締役が登記所に提出している印鑑とが同一であるときは、印鑑証明書を添付する必要はありません（商登規61条6項1号）。

　⑵　取締役が代表取締役を互選したことを証する書面に押印した印鑑につき印鑑証明書

　取締役が代表取締役を互選したことを証する書面に押印した印鑑につき市町村長の作成した印鑑証明書を添付しなければなりません。ただし、当該互選書

等の印鑑と変更前の代表取締役が登記所に提出している印鑑とが同一であるとき（代表取締役を互選したことを証する書面に押印した取締役が、自分が代表取締役として登記所に提出している印鑑と同じ印鑑を押印しているとき）は、印鑑証明書を添付する必要はありません（商登規61条6項2号）。

　3．印鑑証明書の有効期間の定めの有無

　取締役または代表取締役を選任等した株主総会議事録、代表取締役を互選したことを証する書面または取締役が就任を承諾したことを証する書面に押印した印鑑について添付する印鑑証明書については、有効期間の定めはありません（商登規61条6項参照）。

Q71　株主総会の決議によって定めた代表取締役の就任による変更の登記申請書には、なぜ就任を承諾したことを証する書面の添付を要しないのでしょうか。

Q　特例有限会社の取締役または代表取締役の就任による変更の登記申請書には、原則として、就任を承諾したことを証する書面の添付を要すると考えますが、株主総会の決議によって代表取締役を定めた場合には、なぜ代表取締役が就任を承諾したことを証する書面の添付を要しないのでしょうか。

A　特例有限会社の代表取締役の就任による変更の登記申請書には、ご指摘のように、原則として代表取締役が就任を承諾したことを証する書面の添付を要します（商登法54条1項）が、株主総会で代表取締役を定めた場合または定款に代表取締役を定めた場合には、代表取締役が就任を承諾したことを証する書面の添付を要しません。これは、定款または株主総会の決議によって代表取締役を選定した場合には、取締役の地位と代表取締役の地位は一体化しており、取締役に就任することを承諾している以上、代表取締役としての就任承諾は要しないと解されているためで

す。

　なお、取締役の互選により代表取締役を選定した場合には、代表取締役が就任を承諾したことを証する書面の添付を要します。

▮▮ 解　説

1．特例有限会社の代表取締役

　特例有限会社においては、原則として、取締役が各自会社を代表します（会社法349条1項・2項）が、取締役が数名いる場合にその中から①定款、②定款の定めに基づく取締役の互選または③株主総会の決議によって、代表取締役を定めた場合は、その者が代表取締役として会社を代表します（会社法349条3項）。取締役および代表取締役の員数については、法律上の制限はありませんが、取締役は1人以上必要です（会社法326条1項）。なお、通常の株式会社と異なり、数名いる取締役の全員を代表取締役に選定することや1人しかいない取締役を代表取締役に選定することは、旧有限会社法時代と同様できないものと考えます（平成17年整備法43条1項、昭和31年12月4日民甲2740号民事局長回答）。

2．定款または株主総会の決議によって選定された代表取締役

　定款または株主総会の決議によって代表取締役を定めた場合には、取締役の選任機関と同じ株主総会の決議による会社の一方的意思表示によって会社を代表すべき取締役が一方的に定められます。定款または株主総会の決議によって取締役Aを代表取締役に定めるという行為は、その実質は、各自代表である取締役AおよびBの代表権のうちAの代表権を制限せず（Aは代表権を制限されない取締役）、Bの代表権を制限する行為（Bは代表権を制限された取締役）であると解されています。この場合は、取締役の地位と代表取締役の地位は一体化しており、明確に分化しているとはいえません。したがって、Aは、代表権を有する取締役に就任することを承諾している以上、代表取締役になることの承諾がないとしても、Aはもともと代表権を有するわけですから、定款または株主総会の決議によって代表取締役になるとしても、代表取締役としての就任の承諾は要せず、就任を承諾したことを証する書面の添付も不要です（筧ほか『［全訂第3版］詳解商業登記』下巻39頁以下参照（金融財政事情研究会、2022年））。

3．取締役の互選により選定された代表取締役

　取締役の互選により選定された特例有限会社の代表取締役の場合は、通常の株式会社の取締役会設置会社の場合と同様、取締役の選任機関と代表取締役の選定機関が異なり、取締役の地位と代表取締役の地位はそれぞれ完全に分化しています。この場合には、取締役に就任することを承諾しても、代表取締役になることの承諾がない以上、代表取締役に就任することはありません。したがって、取締役の互選による代表取締役の就任による変更の登記申請書には、代表取締役が就任を承諾したことを証する書面を添付しなければなりません（商登法54条1項）。■■

Q72　特例有限会社が株主総会の決議によって代表取締役を定めるには、互選の場合と同様、定款にその旨の定めが必要でしょうか。

Q　特例有限会社が株主総会の決議によって代表取締役を選定するには、互選の場合と同様、定款に「代表取締役は株主総会で定める」旨の定めが必要でしょうか。

A　株主総会の決議によって代表取締役を定める場合には、互選の場合と異なり、定款にその旨の定めは必要ありません。

■■ 解 説

1．特例有限会社における代表取締役選定の方法

　特例有限会社も会社法上の株式会社ですから、原則として、会社法が適用され、取締役が各自会社を代表します（会社法349条1項・2項）。そこで、取締役が数名いる場合にその中から①定款、②定款の定めに基づく取締役の互選または③株主総会の決議によって、代表取締役を定めることができます（会社法349条3項）。

2．株主総会の決議による代表取締役の選定と定款の定めの要否

　会社法349条3項は、「株式会社（取締役会設置会社を除く。）は、定款、定款の定めに基づく取締役の互選又は株主総会の決議によって、取締役の中から代表取締役を定めることができる。」と規定しています。そこで、互選による代表取締役の選定の場合と同様に、定款に「株主総会の決議によって代表取締役を定めることができる。」旨の定めを設ける必要があるか否かが問題になりますが、定款にその旨の定めがなくても、株主総会の決議によって代表取締役を定めることは可能と考えます（会社法295条1項参照）。ただし、「代表取締役は、必ず株主総会の決議によって定める。」という場合は、定款にその旨を定めるべきものと考えます（稲葉威雄『逐条解説会社法〈第4巻〉機関1』385頁（中央経済社、2008年））。■

Q73　取締役に就任しその登記後、取締役の欠格事由に該当することが判明した場合の取扱い

Q　取締役に選任し、その就任登記後、取締役の欠格事由に該当することが判明した場合は、どのようにすればよいでしょうか。

　また、取締役に在任中、欠格事由に該当することになった場合はどうでしょうか。

A　取締役の欠格事由に該当する者を取締役に選任しても、その選任決議は、決議の内容が法令に違反するものとして無効であり（会社法830条2項参照）、たとえ被選任者が就任の承諾をしても取締役に就任することはありません。したがって、当該会社は、取締役の就任登記の抹消の申請をする必要があります（商登法134条1項2号）。なお、この抹消の登記の申請は、取締役選任決議無効の確定判決がなくても申請することができます。

　また、就任後に欠格事由に該当することになった場合は、資格喪失による退任の登記を申請すべきものと考えます。

■■■ 解　説

1．取締役の欠格事由

　会社法331条1項は、取締役の欠格事由を以下のように規定しています。したがって、以下の規定に該当する者は、取締役に就任することはできません。ただし、平成17年整備法19条に経過措置の定めがありますので、ご注意ください。

　①法人、②削除、③会社法もしくは一般社団法人及び一般財団法人に関する法律の規定に違反し、または金融商品取引法197条、197条の2第1号から10号の3までもしくは13号から15号まで、198条8号、199条、200条1号から12号の2まで、20号もしくは21号、203条3項もしくは205条1号から6号まで、19号もしくは20号の罪、民事再生法255条、256条、258条から260条までもしくは262条の罪、外国倒産処理手続の承認援助に関する法律65条、66条、68条もしくは69条の罪、会社更生法266条、267条、269条から271条までもしくは273条の罪もしくは破産法265条、266条、268条から272条までもしくは274条の罪を犯し、刑に処せられ、その執行を終り、またはその執行を受けることがなくなった日から2年を経過しない者、④③に規定する法律の規定以外の法令の規定に違反し、禁錮以上の刑に処せられ、その執行を終るまでまたはその執行を受けることがなくなるまでの者（刑の執行猶予中の者を除く。）

2．欠格事由に該当する取締役の取扱い

　取締役の欠格事由に該当する者を取締役に選任する株主総会の決議は、その決議の内容が法令に違反するものとして無効であり（会社法830条2項参照）、たとえ被選任者が就任の承諾をしても取締役に就任することはありません（藤原俊雄『逐条解説会社法〈第4巻〉機関1』262頁（中央経済社、2008年））。したがって、当該会社は、取締役の就任登記の抹消の申請をする必要があります（商登法134条1項2号）。

　なお、この抹消の登記の申請は、取締役選任決議無効の確定判決がなくても、欠格事由に該当することを証する書面（会社法331条1項に該当する判決書およびその確定証明書）を添付して申請することができます。

　また、就任後に欠格事由に該当することになった場合は、資格喪失による退任の登記を申請すべきものと考えます。■

Q74　特例有限会社の定款の附則に定めた設立当初の取締役の解任と定款変更手続きの要否および変更の登記の添付書類

Q　特例有限会社の定款の附則に定めた設立当初の取締役を解任するには、定款変更の手続きが必要でしょうか。またこの場合の登記の添付書類は何でしょうか。

A　特例有限会社の定款の附則に定めた設立当初の取締役を解任する場合、①定款変更の手続きが必要と解する説と、②定款変更の手続きを要せず株主総会における解任の決議で足りると解する説がありますが、私見は定款の本則に定められた取締役の解任については①説、定款の附則に定められた取締役の解任については②説です。

　なお、この場合の登記申請書の添付書類は、取締役を解任した株主総会議事録および代理人の権限を証する書面のみで、定款を添付する必要はありません。

■解　説

1．定款に定めた特例有限会社の取締役の解任

　特例有限会社の定款に定めた取締役を解任する場合、①定款変更の手続きが必要と解する説と②定款変更の手続きを要せず株主総会における解任の決議で足りると解する説があります。

　ところで、この問題は、私見では、取締役が定款の本則に定められている場合と定款の附則に定められている場合に分けて検討すべきものと考えます。旧有限会社法11条1項が「定款ヲ以テ取締役ヲ定メザルトキハ会社成立前社員総会ヲ開キ之ヲ選任スルコトヲ要ス」（会社法38条3項参照）と規定した趣旨から考えて「旧有限会社の閉鎖的性格にかんがみて、事業の経営者の地位を固定的と

することを認めたものと解して、定款をもって定めた取締役を解任するには、定款変更の手続を要するとする有力説もあり、定款の本則で取締役が定められている場合には、定款の変更を要すると解すべきであろう」（筧・神﨑・土手編『［全訂第3版］詳解商業登記』下巻23頁（金融財政事情研究会、2022年））という見解に賛同しますが、定款の附則に取締役を定めている場合は、設立当初の取締役を選任する最も簡便な方法として便宜定款の附則に定めたにすぎないと解されます（福岡高判昭和36年9月23日）ので、実務の視点からは②説が妥当と考えます。

2．定款に定めた取締役の解任と定款添付の要否

　登記の申請書に定款の添付を要求する一般的規定である商業登記規則61条1項は、「定款の定め又は裁判所の許可がなければ登記すべき事項につき無効又は取消しの原因が存することとなる申請については、申請書に、定款又は裁判所の許可書を添付しなければならない。」と規定しています。取締役の解任は、「定款の定めがなければ登記すべき事項につき無効又は取消しの原因が存することとなる申請」ではありませんので、取締役の解任による変更の登記の申請書には、定款を添付する必要はありません。したがって、取締役を解任した株主総会議事録に「解任された取締役が定款に定められた取締役である」旨の記述がない限り、当該取締役が定款に定められた取締役か否か登記官には判明しません。

3．定款に定めた取締役の解任による変更の登記の添付書類

　定款に定められた取締役の解任による変更の登記の申請書の添付書類は、取締役を解任した株主総会議事録および代理人の権限を証する書面のみで、定款を添付する必要はありません。█

Q75　特例有限会社の取締役の辞任または員数の増加による変更の登記と定款添付の要否

Q　特例有限会社の取締役の辞任または員数の増加による変更の登記の申請書には、取締役の員数を定めた定款の添付を要するでしょうか。

A　特例有限会社の取締役の辞任または員数の増加による変更の登記の申請書には、定款を添付する必要はありません。

■ 解　説

1．登記の申請と定款の添付

　登記の申請書に定款の添付を要するのは、①商業登記法に規定されている場合と②商業登記規則61条1項（「定款の定め又は裁判所の許可がなければ登記すべき事項につき無効又は取消しの原因が存することとなる申請については、申請書に、定款又は裁判所の許可書を添付しなければならない。」）に規定されている場合です。①の場合は、各種の登記毎に定款の添付を要する場合を規定したいわば定款添付の個別規定であり、②の場合は、一般的に定款の添付を要する場合を規定した定款添付の一般規定です。

2．取締役の辞任または員数の増加による変更の登記の申請と定款添付の要否

　本問の場合は、商業登記法に該当する規定はありませんので、商業登記規則61条1項該当の有無が問題になりますが、本問の場合は、この規定には該当しないと考えます。したがって、取締役の辞任または員数の増加による変更の登記の申請書には、定款の添付を要しないと考えます（昭和44年5月14日民事四発385号民事局第四課長回答参照）。■

Q76　特例有限会社に取締役が数名いる場合は、会社の管理運営上は代表取締役を置いた方がよいでしょうか。

Q　特例有限会社に取締役が数名いる場合、必ず代表取締役を置かなければならないでしょうか。

　また、置く必要がない場合でも、会社の管理運営上は代表取締役を置いた方がよいでしょうか。

A　特例有限会社に取締役が数名いる場合でも代表取締役の設置義務はありませんが、会社の管理運営上は代表取締役を置いた方がよいと考えます。

解説

1. 特例有限会社に取締役が数名いる場合と代表取締役の設置義務

旧有限会社法27条は、「①取締役は会社を代表する。②取締役が2人以上ある場合は、各自会社を代表する。③取締役が2人以上ある場合は、定款若しくは社員総会の決議又は定款の定めに基づく取締役の互選をもって会社を代表すべき取締役を定めることができる」旨の規定を設けていました。つまり、取締役は各自代表が原則ですが、取締役が数人あるときは、定款もしくは社員総会の決議、定款の定めに基づく取締役の互選をもって代表取締役を定めることができるというわけです。そして、取締役が数人いるときでも、代表取締役を置くか置かないかは、会社の自由とされていましたが、この取扱いは、特例有限会社については、会社法のもとでも同様です（会社法349条1項・2項・3項）。

2. 特例有限会社に取締役が数名いる場合と会社の管理運営上、代表取締役を設置することの可否

特例有限会社においては、取締役は各自会社を代表するのが原則です。そうしますと、例えば取締役が3人の会社において、各自が会社を代表しますと、各取締役の意見が対立した場合には会社の運営に支障をきたすことにもなりかねません。そこで、このような場合に対処するために旧有限会社法27条3項は「取締役が2人以上ある場合は、定款若しくは社員総会の決議又は定款の定めに基づく取締役の互選をもって会社を代表すべき取締役を定めることができる」旨の規定を設け、会社法349条3項も同旨の規定を設けているわけです。そこで、実務上は、取締役が2人以上ある場合には、ほとんどの会社が、定款、定款の定めに基づく取締役の互選または社員総会の決議によって取締役の中から代表取締役を定めています。ご質問の場合も、特段の事情がない限り代表取締役を定めた方がよいでしょう。

Q77　特例有限会社において、1人取締役を代表取締役として登記することの可否

Q　会社法施行後に設立された株式会社は、たとえ取締役が1人でもその取締役が代表取締役として登記されていますが、特例有限会社の場合、1人取締役を代表取締役として登記することはできないのでしょうか。

A　特例有限会社においては、1人取締役を代表取締役として登記することはできません。

解　説

1．株式会社における1人取締役と代表取締役の登記

　株式会社においては、取締役は、原則として、各自会社を代表します（会社法349条1項・2項）。そして、株式会社を代表する取締役を代表取締役といいます（会社法47条1項参照）。そこで、株式会社の取締役は、他に代表取締役を定めていない限り、代表取締役ということになり、代表取締役として登記されることになります（会社法911条3項14号）。

2．特例有限会社の1人取締役

　特例有限会社の取締役も各自会社を代表しますが、特例有限会社においては、代表取締役は、会社を代表しない取締役がある場合（取締役が2人以上いる場合において、その中の一部の者が代表取締役に選定された場合）に限って、代表取締役としてその氏名が登記されます（整備法42条1項、43条1項）。したがって、特例有限会社の1人取締役を代表取締役として登記することはできません。

Q78　特例有限会社の代表取締役の選定方法

Q　特例有限会社の代表取締役は、どのような方法で選定するのでしょ

うか。定款に互選規定がない場合に、取締役の互選によって代表取締
役を選定することはできないのでしょうか。

A 特例有限会社の代表取締役は、①定款、②定款の定めに基づく取締役
の互選または③株主総会の決議によって選定します（会社法349条3項）が、
②の場合、定款にその旨の定めがない限り、取締役の互選によって代表
取締役を選定することはできません。

　なお、定款または株主総会の決議による選定方法は、法律に定められ
た選定方法ですから、これらの方法による旨を定款に定めていない場合
でも、これらの方法で代表取締役を選定することができます。

▌解 説

1. 特例有限会社の代表取締役

　特例有限会社においては、通常の株式会社の場合と同様、取締役が各自会社
を代表します（平成17年整備法に会社法349条3項の規定を適用除外する規定
はありません。）が、通常の株式会社と異なり、この者を代表取締役といわず、
単に取締役として会社を代表します。この場合の登記事項は、「取締役の氏名
及び住所」です。したがって、代表取締役の登記がされていない特例有限会社
においては、取締役の氏名および住所が登記されている取締役が、会社を代表
すべき者ということになります。ただし、取締役が2人以上いる場合に、会社
を代表する取締役を定めた場合には、その者が会社を代表し、代表取締役とし
てその「氏名」のみが登記されることになります（平成17年整備法43条1項）。

　なお、取締役3名、代表取締役2名の特例有限会社において、更に1名を代
表取締役に定めたときは、代表取締役の就任の登記ではなく、「代表取締役の
氏名」の登記の抹消を申請すべきであるとするのが実務の取扱いです（平成17
年整備法43条1項、昭和31年12月4日民甲2740号民事局長回答）。

2. 特例有限会社の代表取締役の選定方法

　特例有限会社の代表取締役は、①定款、②定款の定めに基づく取締役の互選
または③株主総会の決議によって選定します（会社法349条3項）。

実務上は、定款に「第○条 当会社に取締役2名以上あるときは、取締役の互選によって代表取締役1名を選定する。」という趣旨の規定を設けている場合が多いようです。

なお、定款に直接代表取締役を定めたり、株主総会で代表取締役を選定する場合には、定款にこれを許容する定めがなくても可能です。■

Q79 特例有限会社の代表取締役の任期

Q 特例有限会社の代表取締役の任期は、どのようになるのでしょうか。定款に代表取締役の任期を定めることは可能でしょうか。

A 特例有限会社の代表取締役については、通常の株式会社の場合と同様、任期の定めはありません。ただし、代表取締役は、取締役の中から選ばれますので、取締役でなくなれば、当然退任します。

なお、極めてまれに定款に代表取締役の任期を定めている会社がありますが、この場合は、定款の定めに従います。

■ 解 説

代表取締役の任期については、会社法に規定されていません。これは、代表取締役は、取締役の中から選ばれますので、取締役について任期の定めを設ければそれで足りるということだと考えます。しかし、通常の株式会社の取締役については任期の定めがありますが（会社法332条1項）、特例有限会社の取締役については、任期の定めがありません。これは、特例有限会社は、極めて小規模な個人企業的、閉鎖的な色彩の濃い会社であるところから、取締役について任期の定めを設けるまでの必要性はないということだと考えます。しかし、特例有限会社の取締役についても、定款で任期の定めを設けることは差し支えありません。

なお、代表取締役についても、定款に任期の定めを設けることは可能です。

■

Q80　定款の定めに基づく取締役の互選によって選定された代表取締役の辞任による変更の登記の申請書には、定款の添付を要するでしょうか。

Q　定款の定めに基づく取締役の互選によって選定された代表取締役が辞任した場合、辞任による変更の登記の申請書に定款を添付しなければなりませんか。

A　定款の添付を要すると解するのが実務の取扱いです（商登規61条１項）。

■ 解 説

１．定款の定めに基づく取締役の互選によって選定された代表取締役の辞任の可否

　定款の定めに基づく取締役の互選によって選定された特例有限会社の代表取締役の場合は、通常の株式会社の取締役会設置会社の場合と同様、取締役の選任機関と代表取締役の選定機関が異なり、取締役の地位と代表取締役の地位はそれぞれ完全に分化しています。したがって、この場合には、代表取締役の地位のみを辞任することができます。

２．定款添付の要否

　特例有限会社においては、原則として、取締役が各自会社を代表します（会社法349条１項・２項）が、取締役が数名いる場合にその中から、①定款、②定款の定めに基づく取締役の互選または③株主総会の決議によって、代表取締役を定めることができます（会社法349条３項）。つまり、特例有限会社の代表取締役の選定方法には、３とおりの方法があるわけですが、①および③の方法によって定められた代表取締役の場合は、取締役の地位と代表取締役の地位が完全に分化していないため、代表取締役の地位のみを辞任することはできないと解されています。そこで、特例有限会社において、代表取締役が、代表取締役のみを辞任することができるのは②の場合のみですから、特例有限会社の代表取締役の辞任による変更の登記の申請書には、互選規定の定めがある定款の添付を

要すると解されています（筧・神﨑・土手編『［全訂第 3 版］詳解商業登記』下巻28頁、40頁（金融財政事情研究会、2022年））。■

Q81　定款または株主総会の決議によって定められた代表取締役は、何故代表取締役のみを辞任することができないのでしょうか。

Q　定款または株主総会の決議によって定められた特例有限会社の代表取締役は、何故代表取締役のみを辞任することができないのでしょうか。

A　定款または株主総会の決議によって定められた特例有限会社の代表取締役が、代表取締役の地位のみを辞任することができない理由は、以下のとおりです。

1．特例有限会社の代表取締役の地位

　特例有限会社においては、原則として、取締役が各自会社を代表します（会社法349条 1 項・ 2 項）が、取締役が数名いる場合には、①定款、②定款の定めに基づく取締役の互選または③株主総会の決議によって、取締役の中から代表取締役を定めることができるとされています（会社法349条 3 項）。

　ところで、特例有限会社においては、もともと取締役は各自代表権を有するわけですが、その代表権を有する取締役の中で特定の取締役を定款または株主総会の決議による会社の一方的意思表示によって会社を代表すべき取締役に定めるということは、当該取締役のみが代表権を有する取締役であることを定め、他の取締役の代表権を制限する行為と解されます。したがって、この場合の代表取締役の地位は、取締役の地位といまだ一体化しており、代表取締役の地位と取締役の地位は、明確に分化していないと解されています（筧・神﨑・土手編『［全訂第 3 版］詳解商業登記』下巻26頁（金融財政事情研究会、2022年））。

2．特例有限会社の代表取締役が、代表取締役の地位のみを辞任することの

可否

　たとえば、取締役AおよびBの特例有限会社において、定款または株主総会の決議によって取締役Aを代表取締役に定めるということは、その実質は、もともと代表権を有する取締役AおよびBのうち、Aの代表権を維持させ、Bの代表権を制限する行為であるといえます。ここでは、Bの代表権が制限された結果、代表権を有する取締役はAのみであり、Aは代表取締役と称していますが、その実質は取締役に過ぎないといえます。換言すれば、Aは代表権を制限されない取締役（その取締役を代表取締役という）、Bは代表権を制限された取締役といえます。したがって、代表取締役の地位のみを辞任することは、理論的にありえないことになります。ただし、Aは、定款または株主総会の決議による会社の一方的意思表示によって代表取締役の地位にあるわけですから、Aを代表取締役とする定款または株主総会の決議を変更する決議（定款の代表取締役の定めの変更または代表取締役の辞任を承認する決議）をすれば、辞任することができるものと考えます。■

Q82　定款または株主総会の決議によって定められた代表取締役は、定款の変更または株主総会の承認を得れば代表取締役のみを辞任することができるのでしょうか。

Q　定款または株主総会の決議によって定められた代表取締役は、代表取締役のみを辞任することができないとのことですが、定款の変更または株主総会の承認を得ても代表取締役のみを辞任することはできないのでしょうか。

A　定款または株主総会の決議によって定められた代表取締役も、定款の変更または株主総会の承認を得れば、代表取締役のみを辞任することができるとするのが実務の取扱いです。

　なお、この場合の登記の申請書には、定款の変更または代表取締役の

辞任の承認をした株主総会議事録の添付を要します（登記研究646号120頁）。

■ 解　説

1．定款または株主総会の決議によって定められた代表取締役の地位

定款または株主総会の決議によって定められた代表取締役の地位及び当該代表取締役が、代表取締役のみを辞任することができない理由については、Q81のA（131頁）をご覧ください。

2．株主総会の承認を得て代表取締役のみを辞任することの可否

定款または株主総会の決議によって定められた代表取締役は、取締役の中で会社を代表する取締役として定められた取締役ですが、取締役の地位と代表取締役の地位は一体化し、明確に分化していませんので、代表取締役の地位のみを辞任することはできません。しかし、代表取締役に定めた株主総会が承認すれば（定款の変更または株主総会における辞任承認の決議）、代表取締役の地位のみの辞任は可能と解されています（登記研究646号120頁、筧・神﨑・土手『[全訂第3版] 詳解商業登記』下巻28頁（金融財政事情研究会、2022年））。何故なら、たとえこれを不可としても、取締役の辞任は可能です（取締役を辞任すれば、当然代表取締役の地位も失う）から、取締役を辞任して、再度取締役に選任すれば、結果として代表取締役の辞任を認めたのと同じことになるからです。■

Q83　取締役2名、代表取締役1名の特例有限会社において、代表取締役が死亡または辞任した場合は、どのようにすればよいでしょうか。

Q　取締役AおよびB、代表取締役Aの特例有限会社において、代表取締役Aが死亡した場合または代表取締役のみを辞任したい場合は、登記の申請は、どのようにすればよいでしょうか。

A　ご質問の場合は、代表取締役Aが、①定款、②定款の定めに基づく取締役の互選または③株主総会の決議のいずれの方法によって定められて

いるかによって取扱いが異なります。

　代表取締役Ａが①または③の方法によって定められている場合は、定款の変更等をしない限り、Ｂが申請する代表取締役Ａの死亡または辞任による変更の登記の申請は受理されません。

　②の方法によってＡが選定されている場合は、Ｂから申請する代表取締役Ａの死亡または辞任による変更の登記の申請は、互選規定の定め方によっては、受理されるものと考えます。

▉ 解 説

1．代表取締役Ａが定款に定められている場合

　定款の定め方としては、①定款本則に「第○条　当会社に取締役２人以上を置き、代表取締役１人を置く。」と定め、定款の附則に「第○条　当会社は、Ａ及びＢを取締役とし、Ａを代表取締役とする。」と定めるような方法と、②定款本則に「第○条　当会社は、Ａ及びＢを取締役とし、Ａを代表取締役とする。」というように定める方法が考えられますが、Ａの死亡または辞任によって次のようになります。

(1)　代表取締役Ａの死亡の場合

　Ａが死亡したときは、①の場合は、Ａの死亡によって取締役の定数を欠くことになりますので、定款を変更して取締役をＢのみとするか、後任の取締役を選任し、代表取締役１人を定款に定めるかまたは株主総会の決議で選定し登記の申請をすることになります。

　②の場合は、定款を変更して後任取締役および代表取締役を定め、当該代表取締役から、取締役Ａおよび代表取締役Ａの死亡および後任取締役および代表取締役の就任による変更の登記を申請することになります。

　なお、代表取締役Ａの死亡によってＢの代表権は、定款を変更しない限り復活しないと解されますので、取締役ＢがＡの死亡の登記を申請することはできません。

(2)　代表取締役Ａ辞任の場合

　代表取締役Ａは、定款を変更しない限り、代表取締役のみを辞任することは

できません。定款を変更する場合には、併せて後任の取締役および代表取締役を定めて後任の代表取締役から登記の申請をすることになります。

2．代表取締役Aが株主総会の決議によって定められている場合

例えば、定款に「第○条　当会社に取締役2人を置き、株主総会の決議によって代表取締役1人を置く。」という趣旨の定めがある場合、取締役の地位と代表取締役の地位が一体となっていますので、代表取締役のみの辞任は、株主総会の承認がない限りできません（登記研究646号120頁、筧・神﨑・土手編『［全訂第3版］詳解商業登記』下巻28頁（金融財政事情研究会、2022年））。また、代表取締役Aの辞任によって、取締役Bの代表権は当然には復活しませんので、後任者の選任が必要になります。そこで、後任代表取締役Bを選定し、代表取締役Aの辞任および後任代表取締役Bの就任の登記をBから申請することになります。

なお、代表取締役Aの辞任および後任代表取締役の就任による変更の登記の申請書には、代表取締役Aの辞任を承認した株主総会議事録および株主リストの添付を要します（登記研究646号120頁）。

3．代表取締役Aが定款の定めに基づく取締役の互選によって定められている場合

定款の定め方としては、①「第○条　当会社に取締役2名以上あるときは、取締役の互選によって代表取締役1名を選定する。」というような定め方と、②「第○条　当会社に取締役2名を置き、取締役の互選によって代表取締役1名を選定する。」というような定め方が考えられますが、実務上は、①のような定め方が多いようです。

⑴　代表取締役Aの死亡の場合

①の定め方の場合は、代表取締役Aが死亡した場合は取締役Bの代表権が復活しますので、取締役Bから取締役Aおよび代表取締役Aの死亡による変更の登記を申請するかまたは後任者を定めてその登記と同時に申請することになります。

②の定め方の場合は、代表取締役Aが死亡しても取締役Bの代表権は復活しませんので、取締役および代表取締役の後任者を定め、その者から取締役Aお

よび代表取締役Aの死亡および後任取締役および代表取締役の就任の登記を申請することになります。

（2） 代表取締役A辞任の場合

①の定め方の場合は、代表取締役Aは辞任することができ、取締役Bの代表権が復活します。

②の定め方の場合は、後任代表取締役を選定しないと登記の申請ができませんので、後任代表取締役にBを選定して、Bから代表取締役Aの辞任および後任代表取締役Bの就任の登記を申請することになります。以上、(1)および(2)のいずれの登記の申請も定款の添付を要します（筧・神﨑・土手編『［全訂第3版］詳解商業登記』下巻40頁（金融財政事情研究会、2022年））。▐▐

Q84 取締役2名の特例有限会社において、代表取締役でない取締役が死亡または辞任した場合は、どのようにすればよいでしょうか。

Q 取締役AおよびBの2名、代表取締役Aの特例有限会社において、代表取締役でない取締役Bが死亡または辞任した場合、登記の申請は、どのようにすればよいのでしょうか。

A ご質問の場合は、取締役がA1人になりますので、取締役Bの死亡または辞任による変更の登記および代表取締役Aの氏名の登記の抹消を申請することになります。ただし、定款に「第○条 当会社に取締役2名を置き、取締役の互選によって1名を代表取締役とする。」というように定められている場合には、取締役Bの死亡または辞任によって定款に定めた取締役の員数を欠くことになりますので、この場合は、取締役Bの後任取締役を選任し、取締役Bの死亡または辞任および後任取締役の就任による変更の登記を申請することになりますが、死亡の場合は、とりあえず死亡の登記のみを先行して申請することも可能です。なお、こ

れらの登記を一括して申請する場合は、取締役Ｂが死亡または辞任して
もＡの代表取締役たる資格は維持されますので、代表取締役Ａの氏名の
登記の抹消を申請する必要はないと解されています（登記研究462号118頁、
昭和42年5月1日民甲1012号民事局長回答参照）。

▐ 解　説

1. 取締役Ｂが死亡した場合

取締役Ｂが死亡しますと取締役がＡ1人になりますので、代表取締役を置く
ことができなくなります（平成17年整備法43条1項）。そこで、取締役Ｂの死亡に
よる変更の登記および代表取締役Ａの氏名の登記の抹消を申請することになり
ます。ただし、取締役Ｂの死亡によって定款に定めた取締役の員数を欠くこと
になる場合は、取締役Ｂの後任取締役を選任し、取締役Ｂの死亡および後任取
締役の就任による変更の登記を申請することになりますが、とりあえず死亡の
登記のみを先行して申請することも可能と考えます。

なお、これらの登記を、一括して申請する場合は、代表取締役Ａの氏名の登
記の抹消を申請する必要はありません（登記研究462号118頁、昭和42年5月1日民甲
1012号民事局長回答参照）。

また、取締役Ｂが定款に定められている場合、定款に定めた取締役Ｂの氏名
を削除する定款の変更は、特に必要がない限りする必要はないものと考えます。

2. 取締役Ｂが辞任した場合

取締役Ｂが辞任しますと取締役がＡ1人になりますので代表取締役を置くこ
とができなくなります。そこで、取締役Ｂの辞任による変更の登記および代表
取締役Ａの氏名の登記の抹消を申請することになります。ただし、取締役Ｂの
辞任によって定款に定めた取締役の員数を欠くことになる場合は、取締役Ｂは
後任取締役が就任するまでなお取締役としての権利義務を有します（会社法346
条1項）ので、後任取締役が就任するまで辞任による変更の登記を申請するこ
とはできません。そこで、この場合は、取締役Ｂの後任取締役を選任し、取締
役Ｂの辞任および後任取締役の就任による変更の登記を申請することになりま
す。この場合は、代表取締役Ａの氏名の登記の抹消を申請する必要はありませ

ん（登記研究462号118頁、昭和42年5月1日民甲1012号民事局長回答参照）。

　なお、取締役Bが定款の本則または附則に定められている場合に、Bが取締役を辞任するには定款の変更を要するか否かという問題があります。これについては、いずれの場合も定款の変更を要しないとする見解もありますが、取締役Bが定款本則に定められているときに限って定款の変更を要すると解するのが妥当ではないかと考えます。ただし、いずれの見解をとっても定款が添付書面になりませんので、取締役Bが定款に定められた取締役か否かは判明しません。◼︎▮

▮ Q85　特例有限会社に監査役を置く場合の定款の定め方　▮

> **Q**　特例有限会社に監査役を置く場合、定款にはどのように定めればよいのでしょうか。
>
> 　この場合、「必要に応じて監査役を置くことができる。」というような定め方をすることができるでしょうか。
>
> 　また、監査役設置会社である旨の登記は必要でしょうか。

A　特例有限会社に監査役を置く場合の定款例としては、例えば、次のように定めてはいかがでしょうか。

　「第〇条　当会社に監査役1人（又は何人以内）を置くものとする。

　　2　監査役の監査の範囲は、会計に関するものに限るものとする。」

　なお、「必要に応じて監査役を置くことができる。」旨の定めは、無効と解されており（昭和39年10月1日民甲3183号回答）、監査役設置会社である旨の登記は不要です（平成17年整備法43条1項）。

▮▮ 解　説

1．特例有限会社の監査役

　特例有限会社は、定款に定めれば、監査役を置くことができますが、当該監査役の権限は、会計に関するものに限定されます（平成17年整備法24条）。監査役

の任期については、取締役と同様上限の定めはありませんが、定款で任期の定めを設けることは可能です。

ところで、監査役の権限を拡大することができるか否かについては、積極説（郡谷大輔編『中小会社・有限会社の新・会社法』210頁以下（商事法務、2006年））と消極説（松井信憲『商業登記ハンドブック（第4版）』602頁（商事法務、2021年））がありますので、拡大する場合には慎重な検討が必要です。

なお、特例有限会社の監査役は、株主総会の普通決議で選任します。

２．定款の定め方

監査役を置く場合の定款例は、次のとおりです。

「第〇条　当会社に監査役1名を置くものとする。

　2　監査役の監査の範囲は、会計に関するものに限るものとする。」

監査役を複数置く可能性がある場合は、例えば「当会社に監査役2名以内を置くものとする。」というように定めればよいと考えます。

なお、「必要に応じて監査役を置くことができる。」旨の定めは、無効と解されています（昭和39年10月1日民甲3183号回答）。

３．監査役設置会社である旨の登記の要否

特例有限会社は、監査役設置会社である旨の登記をすることはできません（平成17年整備法43条1項、会社法911条3項17号）。

Q86　監査役の登記をしていない特例有限会社が初めて監査役の就任による変更の登記を申請する場合または1名の監査役が辞任する場合と定款添付の要否

Q　監査役の登記をしていない特例有限会社が初めて監査役の就任による変更の登記を申請する場合には、監査役を置く旨の定めのある定款を添付する必要があるでしょうか。

また、監査役1名を置く特例有限会社において、監査役の辞任の登記を申請する場合は、監査役を置く旨の定款の定めの廃止の決議をし

た株主総会議事録等を添付する必要があるでしょうか。

A　特例有限会社が、初めて監査役の就任による変更の登記を申請する場合には、監査役を置く旨の定めのある定款の添付を要します（商登規61条1項）。

　　また、監査役1名を置く特例有限会社において、監査役の辞任の登記を申請する場合は、監査役を置く旨の定款の定めの廃止後の定款または廃止の決議をした株主総会議事録の添付を要します（登記研究504号202頁）。

解 説

1．特例有限会社と監査役

　特例有限会社の監査役は、特例有限会社の任意の機関ですが、これを置く場合には、必ず定款にその旨を定めなければなりません。定款に監査役を置く旨の定めがない特例有限会社が、監査役を選任してもその選任は無効です。

2．定款添付の要否

　特例有限会社が初めて監査役の就任による変更の登記を申請する場合には、監査役を置く旨の定めのある定款の添付を要します（商登規61条1項）。

　また、監査役1名を置く特例有限会社において、監査役の辞任の登記を申請する場合は、監査役を置く旨の定款の定めの廃止後の定款または廃止の決議をした株主総会議事録の添付を要します（登記研究504号202頁）。

> **Q87　特例有限会社の役員の変更の登記において、就任を承諾したことを証する書面に住民票の写し等の添付を要するのは、どのような場合でしょうか。また、市町村長が作成した証明書にはどのようなものがあるでしょうか。**

Q　平成27年2月27日から、商業登記規則が改正され就任承諾書に記載した氏名および住所について、市町村長が作成した証明書を添付しなければならなくなったとのことですが、特例有限会社の役員の変更の

登記において、どのような場合に添付を要するのでしょうか。

また、市町村長が作成した証明書にはどのようなものがあるのでしょうか。

A　特例有限会社においては、取締役および監査役の就任による変更の登記の申請書に、取締役および監査役が就任の承諾をしたことを証する書面に記載された氏名および住所と同一の氏名および住所が記載されている市町村長その他の公務員が職務上作成した証明書（当該取締役等が原本と相違がない旨を記載した謄本を含む。）を添付する必要があります。ただし、再任の場合および登記の申請書に当該取締役の印鑑証明書（市町村長が作成したもの）を添付する場合はその必要がありません。

市町村長その他の公務員が職務上作成した証明書には、住民票記載事項証明書（住民票の写し）、戸籍の附票、住基カード（住所が記載されているもの）のコピー、運転免許証のコピー等があります。

■ 解 説

1．商業登記規則の改正

商業登記規則61条7項が、次のとおり改正されました。

「7　設立の登記又は取締役、監査役若しくは執行役の就任（再任を除く。）による変更の登記の申請書には、設立時取締役、設立時監査役、設立時執行役、取締役、監査役又は執行役（以下この項及び第103条において「取締役等」という。）が就任を承諾したこと（成年後見人又は保佐人が本人に代わつて承諾する場合にあつては、当該成年後見人又は保佐人が本人に代わつて就任を承諾したこと）を証する書面に記載した取締役等の氏名及び住所と同一の氏名及び住所が記載されている市町村長その他の公務員が職務上作成した証明書（当該取締役等（その者の成年後見人又は保佐人が本人に代わつて就任を承諾した場合にあつては、当該成年後見人又は保佐人）が原本と相違がない旨を記載した謄本を含む。）を添付しなければならない。ただし、登記の申請書に第4項（第5項において読み替えて適用される場合を含む。）又は前項の規定により当

141

該取締役等の印鑑につき市町村長の作成した証明書を添付する場合は、この限りでない。」

　したがって、特例有限会社においては、取締役および監査役の就任による変更の登記の申請をする場合には、取締役および監査役が就任を承諾したことを証する書面に記載された氏名および住所と同一の氏名および住所が記載されている市町村長その他の公務員が職務上作成した証明書（当該取締役等が原本と相違がない旨を記載した謄本を含む。）を添付する必要があります。ただし、再任の場合および登記の申請書に当該取締役の印鑑証明書（市町村長が作成したもの）を添付する場合はその必要がありません。

　２．市町村長その他の公務員が職務上作成した証明書

　市町村長その他の公務員が職務上作成した証明書には、次のものが該当します。

⑴　住民票記載事項証明書（住民票の写し）

⑵　戸籍の附票

⑶　住基カード（住所が記載されているもの）のコピー

⑷　運転免許証のコピー

　なお、⑶および⑷については、裏面もコピーし、本人が「原本と相違がない。」と記載して、記名する必要があります。

　３．株主総会議事録を援用する場合の留意点

　就任の承諾をしたことを証する書面として、株主総会議事録を援用する場合には、株主総会議事録に、被選任者の氏名および住所の記載が必要です。株主総会議事録に当該取締役等の住所の記載がない場合には、別途、当該取締役等が住所を記載し、記名押印した就任承諾書の添付が必要となりますので、要注意です。

第4章　株式および新株予約権に関する登記

Q88　特例有限会社の株主が当該会社の株式を譲渡により取得する場合にも当該特例有限会社の承認を要する旨の定めを設けることの可否

Q　特例有限会社の定款には、その発行する全部の株式の内容として「当該株式を譲渡により取得することについては当該特例有限会社の承認を要する旨及び当該特例有限会社の株主が当該株式を譲渡により取得する場合においては当該特例有限会社が会社法第136条又は第137条第1項の承認をしたものとみなす旨の定めがあるものとみなす」とされていますが、「当該特例有限会社の株主が当該株式を譲渡により取得する場合においても当該特例有限会社の承認を要する。」旨定めることは可能でしょうか。

A　平成17年整備法9条2項は「特例有限会社は、その発行する全部又は一部の株式の内容として前項の定めと異なる内容の定めを設ける定款の変更をすることができない。」と規定していますので、ご質問のような定めを設けることはできないものと考えます。

▎解　説

1．特例有限会社と株式譲渡制限の定め

　会社法制定前の旧有限会社法19条1項および2項は「①　社員ハ其ノ持分ノ全部又ハ一部ヲ他ノ社員ニ譲渡スコトヲ得　②　社員ガ其ノ持分ノ全部又ハ一部ヲ社員ニ非ザル者ニ譲渡サントスル場合ニ於テハ社員総会ノ承認ヲ要ス」と規定して社員以外の者に譲渡することを認めていましたが、平成17年整備法9条1項は「特例有限会社の定款には、その発行する全部の株式の内容として当該株式を譲渡により取得することについて当該特例有限会社の承認を要する旨及び当該特例有限会社の株主が当該株式を譲渡により取得する場合においては

当該特例有限会社が会社法第136条又は第137条第1項の承認をしたものとみなす」旨の定めがあるものとみなすと規定しています。つまり、旧有限会社法は、社員がその持分を社員以外の者に譲渡する場合に限って社員総会の承認を要するとのみ規定していましたが、平成17年整備法9条1項は、まず、特例有限会社は、すべての株式の譲渡について、当該特例有限会社の承認を要するとし、株主が当該特例有限会社の株式を譲渡により取得する場合においては当該特例有限会社が会社法136条または137条1項の承認をしたものとみなす旨規定しました。したがって、旧有限会社法時代も、会社法のもとでも、その実質に変わりはありません。

　2．ご質問の定款変更の可否

　平成17年整備法9条2項は「特例有限会社は、その発行する全部又は一部の株式の内容として前項の定めと異なる内容の定めを設ける定款の変更をすることができない。」と規定していますので、ご質問のような定めを設けることはできないものと考えます。▮▮

Q89　特例有限会社が「株式譲渡制限の定め」を廃止する定款の変更をすることの可否

Q　特例有限会社の定款には、その発行する全部の株式の内容として「当該株式を譲渡により取得することについては当該特例有限会社の承認を要する」旨の定めがあるものとみなすとされていますが、この定めを廃止する定款の変更をすることができるでしょうか。

A　特例有限会社は、平成17年整備法9条1項の規定により、その発行する全部の株式の内容として株式譲渡制限の定めのある会社（公開会社でない会社＝全株式譲渡制限会社）とされ、平成17年整備法9条2項は「特例有限会社は、その発行する全部又は一部の株式の内容として前項の定めと異なる内容の定めを設ける定款の変更をすることができない。」

と規定していますので、ご質問のような定款の変更をすることはできないものと考えます。

▮▮ 解　説

1．特例有限会社の定款と株式譲渡制限の定め

特例有限会社の定款には、その発行する全部の株式の内容として「当該株式を譲渡により取得することについて当該特例有限会社の承認を要する旨及び当該特例有限会社の株主が当該株式を譲渡により取得する場合においては当該特例有限会社が会社法第136条又は第137条第1項の承認をしたものとみなす旨の定めがあるものとみなす」とされています（平成17年整備法9条1項）。これは、特例有限会社は、極めて閉鎖的・同族的な会社であり、既存の株主と人的関係のない者が容易に株主になることを認めると会社の運営に支障をきたすおそれがあるところから、旧有限会社法19条1項および2項の規定を承継したものです。したがって、特例有限会社は、その発行する全部の株式の内容として株式譲渡制限の定めのある会社、すなわち「公開会社でない会社」（全株式譲渡制限会社）ということになり（平成17年整備法9条）、これが、特例有限会社の特色の一つとされています。

2．「株式譲渡制限の定め」を廃止する定款の変更をすることの可否

「公開会社でない会社」であることが特例有限会社の特色の一つですから、特例有限会社が公開会社となることは、制度上も想定されていません（公開会社になると、取締役会の設置が義務付けられますが、特例有限会社は取締役会を設置することはできません。）。したがって、特例有限会社は、平成17年整備法9条2項の有無にかかわらず、株式譲渡制限の定めを廃止する定款の変更をすることはできないものと考えます。▮▮

Q90　特例有限会社は、その発行する株式の全部を「取得請求権付株式」とすることができるでしょうか。

　特例有限会社は、その発行する株式の全部を「取得請求権付株式」

とすることができますか。

もし、できる場合は、どのような手続きが必要でしょうか。

■ A 特例有限会社は、その発行する株式の全部を「取得請求権付株式」とすることができますが、そのためには会社法107条2項2号に掲げる事項を定める定款の変更が必要です。

▌▌解 説

1. 特例有限会社と取得請求権付株式

取得請求権付株式とは、特例有限会社がその発行する全部の株式の内容として株主が当該特例有限会社に対して当該株式の取得を請求することができる株式をいいます（会社法107条1項2号、2条18号）。

なお、旧有限会社において、社員が旧有限会社に対して持分の利益消却を請求できる旨を定款で定めている場合には、取得請求権付株式の定めがあるものとみなすとされています（平成17年整備法の施行に伴う経過措置を定める政令1条1号）。

2. 特例有限会社がその発行する株式の全部を取得請求権付株式とする場合の手続

特例有限会社は、その発行する株式の全部を取得請求権付株式とするには、定款に①株主が会社に対して当該株主の有する株式を取得することを請求することができる旨、②株式1株を取得するのと引換えに当該株主に対して交付する新株予約権その他の財産に関する事項および③株主が当該特例有限会社に対して当該株式の取得を請求することができる期間を定款に定めなければなりません（会社法107条2項2号）。

なお、この定款変更の決議は特別決議ですが、特例有限会社の特別決議は、通常の株式会社の特別決議（会社法309条2項）より決議要件が加重されていることについて留意する必要があります。

ちなみに、会社法309条2項の規定を修正する平成17年整備法14条3項は、「前項の規定にかかわらず、次に掲げる株主総会の決議は、総株主の半数以上（これを上回る割合を定款で定めた場合にあっては、その割合以上）であって、

当該株主の議決権の4分の3（これを上回る割合を定款で定めた場合にあっては、その割合）以上に当たる多数をもって行わなければならない。」と規定していますが、定足数として「頭数」要件が規定され、決議の成立要件も「総株主の議決権の4分の3」というように通常の株式会社に比べ極めて厳しいものになっています。■

Q91　特例有限会社は、その発行する株式の全部を「取得条項付株式」とすることができるでしょうか。

Q　特例有限会社は、その発行する株式の全部を「取得条項付株式」とすることができますか。

もし、できる場合は、どのような手続きが必要でしょうか。

A　特例有限会社は、その発行する株式の全部を「取得条項付株式」とすることができますが、そのためには会社法107条2項3号に掲げる事項を定める定款の変更が必要です。

なお、この定款の変更には、株主全員の同意が必要です（会社法110条）。

■ 解 説

1．特例有限会社と取得条項付株式

取得条項付株式とは、特例有限会社がその発行する全部の株式の内容として「当該特例有限会社が一定の事由が生じたことを条件として当該株式を取得することができる株式」をいいます（会社法107条1項3号、2条19号）。

なお、旧有限会社において、一定の事由が生じたことを条件として旧有限会社が持分の利益消却をすることができる旨を定款で定めている場合には、取得条項付株式の定めがあるものとみなされます（平成17年整備法の施行に伴う経過措置を定める政令1条2号）。

2．特例有限会社がその発行する株式の全部を取得条項付株式とする場合の手続

　特例有限会社は、その発行する株式の全部を取得条項付株式とするには、定款に①一定の事由が生じた日に会社が当該株式を取得する旨およびその事由、②会社が別に定める日の到来を一定の事由とするときは、その旨、③一定の事由が生じた日に株式の一部を取得することとするには、その旨および取得する株式の一部の決定方法および④株式 1 株を取得するのと引換えに当該株主に対して交付する新株予約権その他の財産に関する事項を定款に定めなければなりません（会社法107条 2 項 2 号）。

　なお、この定款の変更には株主全員の同意が必要です（会社法110条）。◼️

Q92　特例有限会社も「種類株式」を発行することができるでしょうか。

Q　特例有限会社も株式会社ですから、通常の株式会社と同様に種類株式の発行ができると考えますが、いかがでしょうか。

A　ご意見のとおり、特例有限会社も種類株式の発行をすることができます。

◼️ **解　説**

1．種類株式

　種類株式とは、次の事項について異なる定めをした内容の異なる 2 以上の種類の株式をいいます（会社法108条 1 項、 2 条13号参照）。

(1)　剰余金の配当

(2)　残余財産の分配

(3)　株主総会において議決権を行使することができる事項

(4)　譲渡による当該種類の株式の取得について当該株式会社の承認を要すること。

(5)　当該種類の株式について、株主が当該株式会社に対してその取得を請求することができること。

(6)　当該種類の株式について、当該株式会社が一定の事由が生じたことを条件として、これを取得することができること。

(7)　当該種類の株式について、当該株式を株主総会の決議によってその全部を取得すること。

(8)　株主総会において決議すべき事項のうち、当該決議のほか、当該種類の株式の種類株主を構成員とする種類株主総会の決議があることを必要とするもの。

(9)　当該種類の株式の種類株主を構成員とする当該種類株主総会において取締役または監査役を選任すること。

なお、これらの事項を定めるときは、原則として、その具体的内容および発行可能種類株式総数を定款で定めなければなりません（会社法108条2項）。

2．特例有限会社と種類株式発行の可否

特例有限会社も株式会社であり、種類株式の発行を禁止する規定もありませんので、通常の株式会社と同様、種類株式を発行することができます。

ただし、特例有限会社は、前記1の(4)の場合は、その内容は法律で定められており（平成17年整備法9条）、これと異なる内容の定めをすることはできません。

Q93　特例有限会社は、いわゆる「属人的種類株式」を発行することができるでしょうか。

Q　特例有限会社も、いわゆる「属人的種類株式」を発行することができると考えますが、いかがでしょうか。

A　ご意見のとおり特例有限会社も、いわゆる「属人的種類株式」を発行することができるものと考えます。

解説

1．いわゆる「属人的種類株式」

　公開会社でない会社は、①剰余金の配当を受ける権利、②残余財産の分配を受ける権利、または③株主総会における議決権について、株主ごとに異なる取扱いを行う旨を定款で定めることができ（会社法109条2項）、この定款の定めがある場合には、①～③の事項について、内容の異なる種類の株式（種類株式）とみなして、会社法第2編および第5編の規定を適用するとされています（会社法109条2項）。そこで、これらの株式を、いわゆる「属人的種類株式」といいます。

　2．特例有限会社といわゆる「属人的種類株式」の発行

　いわゆる「属人的種類株式」は、旧有限会社法39条1項ただし書、44条および73条の規定を受継いだものです。したがって、特例有限会社も、当然にいわゆる「属人的種類株式」を発行することができるものと考えます。なお、いわゆる「属人的種類株式」は、登記事項とされていません。

Q94　特例有限会社も、相続人等に対する株式売渡請求に関する定めを設けることができるでしょうか。

Q　特例有限会社は、相続その他の一般承継により当該特例有限会社の株式を取得した者に対し、当該株式を当該特例有限会社に売り渡すことを請求することができる旨を定款に定めることができると考えますが、いかがでしょうか。

A　ご意見のとおり、特例有限会社も、定款に相続人等に対する株式売渡請求に関する定めを設けることができるものと考えます。

解 説

　1．相続人等に対する株式売渡請求に関する定め

　会社法174条は、「相続その他の一般承継により当該株式会社の株式（譲渡制限株式に限る。）を取得した者に対し、当該株式を当該株式会社に売り渡すことを請求することができる旨を定款に定めることができる。」と規定していま

す。これを、「相続人等に対する株式売渡請求に関する定め」といいますが、この制度は、「我が国における多くの中小規模の株式会社の実情にかんがみ、株式会社にとって必ずしも好ましくない者が当該株式会社の株主となることを防ぐという、株式の譲渡制限の制度の趣旨を、株式につき相続その他の一般承継が生じた場合にも及ぼすことを可能とするものである。」とされ（相澤哲ほか『Q＆A会社法の実務論点20講』10頁（金融財政事情研究会、2009年））、この譲渡制限株式の相続人等に対する売渡請求の制度については、「例えば、中小企業である株式会社の経営者に相続が生じた場合において、この制度を活用することにより、円滑な事業承継等の実現を図るという用途も考えられるところである。」と説明されています（相澤ほか『前掲書』10頁）。

2．特例有限会社と相続人等に対する株式売渡請求に関する定め

特例有限会社も株式会社ですから、当然相続人等に対する株式売渡請求に関する定めを設けることができるものと考えます。しかし、定款のこの定めを逆手にとって少数株主が、大株主の相続人を排除することも可能です（株式売渡請求をするには、株主総会の特別決議が必要ですが、この決議をする株主総会においては、当該株式を相続によって取得した者は、議決権を行使することはできません）から（会社法175条2項）、この定めを設ける場合は、あらゆる場合を想定した定款の定めが必要です。▓▓

▓ Q95　特例有限会社も株券を発行することができるでしょうか。　▓

Q　特例有限会社は、株券を発行することができるのでしょうか。もし、可能な場合は、その手続きについて、ご教示ください。

A　特例有限会社も、通常の株式会社と同様、定款に株券を発行をする旨の定めを設ければ、株券を発行することができます（会社法214条）。

▓ 解　説

1．特例有限会社と株券発行の手続

　株式会社は、定款に株券発行会社である旨の定め（「第〇条　当会社の株式については、株券を発行する。」）を設けた場合に限って株券を発行することができます。旧有限会社は、旧有限会社法21条に「有限会社ハ持分ニ付指図式又ハ無記名式ノ証券ヲ発行スルコトヲ得ズ」と規定されていましたので、会社法施行の際に特例有限会社が株券発行会社（会社法117条6項）になることはありませんでした。そこで、特例有限会社が株券発行会社になるには、定款に「その株式に係る株券を発行する」旨を定めなければなりません（会社法214条）。

　2．株券発行の時期

　特例有限会社が株券発行会社になった場合も、特例有限会社は、遅滞なく株券を発行する必要はなく、株主から請求があるときまで、株券を発行しないことができます（会社法215条4項）。

　また、特例有限会社の株主は、当該特例有限会社に対し、当該株主の有する株式に係る株券の所持を希望しない旨を申し出ることもできます（会社法217条1項）。■

Q96　特例有限会社は、株式の消却をすることができるでしょうか。

Q　特例有限会社は、旧有限会社時代と同様に株式の消却をすることができますか。

A　特例有限会社は、通常の株式会社と同様、自らの有する自己株式に限って株式の消却をすることができます。

■ 解　説

　会社法のもとでは、株式の消却は、会社が有する自己株式に限ってすることができます。この場合には、消却する自己株式の数を株主総会（取締役会設置会社にあっては取締役会）の決議で定めることになります（会社法178条）。

　特例有限会社が株式の消却をしても、発行済株式総数が減少するだけで、資

本金の額や発行可能株式総数は、減少しません。■■

Q97　特例有限会社の募集株式発行の手続と通常の株式会社の募集株式発行の手続は、同じでしょうか。

Q 特例有限会社の募集株式発行の手続と通常の株式会社の募集株式発行の手続は、同じと考えてよろしいでしょうか。もし異なるとすれば、どこが異なるのでしょうか。

A 特例有限会社も、会社法上の株式会社ですから、その募集株式発行の手続は、原則として、通常の株式会社の募集株式発行の手続と同じです。

■■ 解　説

　特例有限会社は、会社法上の株式会社ですから、その登記の前提となる実体上の手続および登記手続は、平成17年整備法に別段の定めがない限り、通常の株式会社の募集株式発行の手続と同じです。

　そこで、募集株式の発行について、平成17年整備法に何らかの定めがあるかどうかですが、ご承知のように、平成17年整備法には、何らの定めもありません。したがって、通常の株式会社における募集株式の発行の場合と同様、①募集事項の決定（会社法199条）、②募集事項決定の委任（会社法200条）、③株主に株式の割当てを受ける権利を与える場合の取扱い（会社法202条）、④募集事項等の通知および募集株式の申込み（会社法203条）、⑤募集株式の割当て（会社法204条）、⑥募集株式の総数引受契約を行う場合の特則（会社法205条）の手順で行います。ただし、次の点にご留意ください。

1．株主総会の特別決議

　特例有限会社が、その発行する株式またはその処分する自己株式を引き受ける者の募集をしようとする場合において、株主に募集株式の割当てを受ける権利を与えない場合は、募集事項の決定は、株主総会の特別決議でしなければなりません（会社法199条2項、309条2項5号）。ところが、特例有限会社の特別決議

の決議要件は「総株主の半数以上（これを上回る割合を定款で定めた場合にあっては、その割合以上）であって、当該株主の議決権の 4 分の 3（これを上回る割合を定款で定めた場合にあっては、その割合）以上に当たる多数をもって行わなければならない。」と規定され（平成17年整備法14条 3 項）、通常の株式会社の特別決議要件より、相当加重されています。つまり、特例有限会社の特別決議においては、定足数として「頭数」要件が規定され、決議の成立要件も「総株主の議決権の 4 分の 3」というように通常の株式会社に比べ極めて厳しいものになっています。特例有限会社は閉鎖型のタイプの会社ですが、それにしても、総株主の議決権の 4 分の 3 といえば75％ですから、株主構成によっては（設立時は株主 1 人であっても、相続等の発生により株式が分散している場合があります。）、決議の成立に困難を来すことも想定されますので、ご注意ください。

２．取締役による決定

特例有限会社が、その発行する株式またはその処分する自己株式を引き受ける者の募集をしようとする場合において、株主に募集株式の割当てを受ける権利を与える場合は、当該募集事項および会社法202条 1 項各号に掲げる事項を取締役の決定によって定めることができる旨の定款の定めがあるときは、取締役の決定によって定めることができます（会社法202条 3 項 1 号）。なお、この定めがない場合には、株主総会の特別決議によることになります（会社法202条 3 項 4 号、309条 2 項 5 号、平成17年整備法14条 3 項）。■

Q98 特例有限会社も新株予約権および新株予約権付社債を発行することができるでしょうか。

Q 特例有限会社も通常の株式会社と同様、新株予約権および新株予約権付社債を発行することができると考えますが、いかがでしょうか。

A ご意見のとおり、特例有限会社も会社法上の株式会社ですから、新株

予約権および新株予約権付社債を発行することができます。

■ 解　説

　特例有限会社も、会社法上の株式会社であり、平成17年整備法に特例有限会社が新株予約権および新株予約権付社債を発行をすることを禁止する規定はありませんので、特例有限会社も新株予約権または新株予約権付社債を発行することができます。

　特例有限会社の新株予約権または新株予約権付社債発行の手続は、原則として、募集株式発行の手続と同様であり、①募集事項の決定（会社法238条）、②募集事項決定の委任（会社法239条）、③株主に割当てを受ける権利を与える場合の取扱い（会社法241条）、④募集事項等の通知および募集新株予約権の申込み（会社法242条）、⑤募集新株予約権の割当て（会社法243条）、⑥募集新株予約権の総数引受契約を行う場合の特則（会社法244条）の手順で行います。

　なお、次の点にご留意ください。

1．株主総会の特別決議

　特例有限会社が、その発行する新株予約権を引き受ける者の募集をしようとする場合において、株主に募集新株予約権の割当てを受ける権利を与えない場合は、募集事項の決定は、株主総会の特別決議によらなければなりません（会社法238条2項、309条2項6号）が、特例有限会社の特別決議の決議要件は「総株主の半数以上（これを上回る割合を定款で定めた場合にあっては、その割合以上）であって、当該株主の議決権の4分の3（これを上回る割合を定款で定めた場合にあっては、その割合）以上に当たる多数をもって行わなければならない。」と規定され（平成17年整備法14条3項）、通常の株式会社の特別決議要件より、相当加重されていることに注意する必要があります。

2．取締役による決定

　特例有限会社が、その発行する新株予約権を引き受ける者の募集をしようとする場合において、株主に募集新株予約権の割当てを受ける権利を与える場合は、当該募集事項および会社法241条1項各号に掲げる事項を取締役の決定によって定めることができる旨の定款の定めがあるときは、取締役の決定によっ

て定めることができます（会社法241条3項1号）。なお、この定めがない場合には、株主総会の特別決議によることになります（会社法241条3項4号、309条2項6号）が、特別決議の要件は、前記1と同じです（平成17年整備法14条3項）。■

第5章 特例有限会社の本店移転または支店設置の登記

Q99 特例有限会社の本店移転の手続について

Q 特例有限会社が他の登記所の管轄内へ本店を移転する場合に、変更後の定款に本店所在地を最小行政区画まで定めているときは、本店の具体的所在場所および移転の日は、定款変更の決議をする株主総会で、「第○号議案 定款一部変更の件」および「第○号議案 本店所在場所および本店移転の日決定の件」として、決議して差し支えないでしょうか。

また、定款の変更を伴わない同一登記所の管轄内における本店移転において、新本店所在場所および移転の日を株主総会で決定しても差し支えないでしょうか。

A 前段、後段とも、差し支えないものと考えます。

■ 解 説

1. 特例有限会社の本店移転と定款変更

特例有限会社が他の登記所の管轄内（他の市町村へ移転する場合を含む。）へ本店を移転する場合には、本店の所在地を変更する定款の変更が必要ですが、変更後の定款に定める本店の所在地は、具体的に所在地番まで定めても、最小行政区画（市町村。ただし、東京都の特別区の場合は、区）まで定めても差し支えありません。そこで、新本店所在地内の市町村内において、将来、再度本店移転の可能性がある場合には、その際定款を変更しなくてもよいよう変更後の本店の所在地は最小行政区画までにしておいたほうがよいでしょう。

2．最小行政区画内における本店の所在場所の決定および本店移転の日の決定

　定款変更後の本店の所在地を最小行政区画まで定めている場合には、具体的な本店所在場所の決定が必要になります。この決定は、特例有限会社の業務執行として、原則として、取締役の過半数をもって決定します（会社法348条1項・2項）。ただし、特例有限会社には、会社の機関としての取締役会は存在しませんので、株主総会が会社の組織、運営、管理その他特例有限会社に関する一切の事項を決議することができます（会社法295条）。したがって、株主総会が最小行政区画内における具体的な本店の所在場所を決定することができます。

3．本店移転の日

　特例有限会社の本店移転の日の決定の方法は、本店所在場所の決定の場合と同様ですが、株主総会で決議した本店移転の日に現実に本店を移転することができなかった場合には、原則として再決議が必要と考えます。

Q100　特例有限会社の支店設置と定款変更の要否等

Q　特例有限会社が他の登記所の管轄区域内に支店を設置する場合、定款に何らかの定めが必要でしょうか。
　また、この場合の支店設置は、株主総会の決議事項でしょうか、それとも取締役の決定事項でしょうか。

A　特例有限会社が他の登記所の管轄区域内に支店を設置する場合、既設の支店が定款に定められていない限り、定款に何らの定めもする必要はありません。
　また、この場合の支店設置の決議は、定款に株主総会の決議事項とする旨の定めがある等、定款に別段の定めがない限り、取締役の過半数をもって決定することになります（会社法348条1項・2項・3項2号）。

■■ 解　説

1．特例有限会社の支店設置と定款変更の要否

特例有限会社の支店は、定款の記載事項ではありませんので、特例有限会社が支店を設置する場合、定款に何らの定めもする必要はありません。これは、同一登記所の管轄区域内に支店を設置する場合であっても、また他の登記所の管轄区域内に支店を設置する場合であっても同じです。ただし、すでに設置されている支店があり、その支店が定款に定められている場合には、新設支店も定款に定める必要があります。

2．特例有限会社の支店設置の手続

特例有限会社が支店を設置する場合には、①支店を設置する旨、②支店の所在場所および、③支店設置の日を取締役の過半数をもって決定することになります（会社法348条1項・2項・3項2号）。ただし、支店の設置を株主総会の決議事項とする旨の定款の定めがある場合や定款に取締役の過半数と異なる定めがある場合には、その定めに従うことになります。

なお、支店の所在地における登記の制度は、令和4年9月1日廃止されました（会社法930条から932条まで削除）。■

第6章　資本金の額等の減少

Q101　特例有限会社は、どのような場合に資本金の額の減少をすることができるでしょうか。また、資本金の額を減少する場合に定款の変更を要するでしょうか。

Q　特例有限会社は、どのような場合に資本金の額の減少をすることができるのでしょうか。また、特例有限会社が資本金の額を減少する場合、定款の変更が必要でしょうか。

A　特例有限会社については、通常の株式会社と同様、資本金の額を減少することができる場合について特段の制限は設けられていません。した

がって、特例有限会社は、①欠損てん補の場合のほか、②その他の場合（事業規模の縮小、剰余金の配当を容易にする場合等）においても資本金の額を減少することができます。

　なお、特例有限会社が資本金の額を減少する場合、必ず定款の変更が必要になるということはありません。

▮▮ 解 説

1．特例有限会社が資本金の額を減少することができる場合

　特例有限会社については、平成17年整備法に資本金の額を減少することができる場合について特則は設けられていませんので、通常の株式会社と同様に資本金の額を減少することができます。

　そこで、特例有限会社が資本金の額を減少をするのは、通例は、①欠損てん補の場合と思われますが、欠損てん補の場合のほか、②事業規模の縮小をする場合や、③剰余金の配当を容易にしようとする場合にも資本金の額を減少することができます。

　なお、「欠損」とは、分配可能額がマイナスのことをいい、資本金の額を減少して欠損に対応するその他資本剰余金を増加させることを「欠損のてん補」といいます（金子登志雄『ずばり解説！会社の計算〜基礎から応用まで〜』43頁以下（東京司法書士協同組合、2012年））。

2．定款変更の要否

　旧有限会社法時代は、①資本の総額、②出資一口の金額および、③各社員の出資の口数が定款の絶対的記載事項とされ、かつ①および②は登記事項とされていました。そして、②の金額に③の合計口数を乗じた額が①でしたから、旧有限会社が資本金の減少をするには、②または③を減少するか、②および③を同時に減少することが必要でした。したがって、旧有限会社が資本金の減少をする場合には、必ず定款を変更する必要がありました。しかし、特例有限会社が資本金の額を減少する場合は、通常の株式会社と同様、資本金の額と発行済株式総数の関係は遮断されていますので、定款の変更は必要ありません。▮

▓　Q 102　特例有限会社の資本金の額の減少の手続

■Q　特例有限会社の資本金の額の減少の手続は、通常の株式会社の資本金の額の減少の手続と同様に考えればよろしいでしょうか。

■A　特例有限会社の資本金の額の減少の手続は、通常の株式会社の資本金の額の減少の手続と同様です。ただし、特別決議を要する場合には、特別決議の要件が、通常の株式会社より厳しいことにご注意ください。

▓▎解　説

1．特例有限会社の資本金の額の減少

　貸借対照表の純資産の部の一部を構成する資本金および準備金（資本準備金・利益準備金）の額は、法定のルールに従って定まり、資本金の額を減少させると、原則としてその他資本剰余金が増加し、分配可能額が増加することになります（会社法447条1項2号、会社計算規則27条1項1号）。したがって、資本金の額の減少は、株主および会社債権者の利害に影響を及ぼしますので、一定の手続きを得ることを条件に許されています（会社法447条、449条）。

2．株主総会の特別決議

　特例有限会社が資本金の額を減少するには、株主総会の特別決議によって、以下に掲げる事項を定めなければなりません（会社法447条1項、309条2項9号、平成17年整備法14条3項）。ただし、①定時株主総会において、定時株主総会の日における欠損の額を超えない範囲で資本金の額の減少をする旨の決議をする場合には、普通決議で足り（会社法309条2項9号イ、ロ）、②会社が株式の発行と同時に資本金の額を減少する場合において、当該資本金の額の減少の効力が生じる日後の資本金の額が当該日前の資本金の額を下回らない場合には、株主総会の決議ではなく、取締役の決定で足ります（会社法447条3項）。

⑴　減少する資本金の額

　　この金額は、⑶の時点における資本金の額をこえることはできません（会社法447条2項）。

⑵　減少する資本金の額の全部または一部を準備金とするときは、その旨および準備金とする額

⑶　資本金の額の減少がその効力を生じる日

３．債権者の異議手続

⑴　会社債権者に対する官報による公告および知れている債権者に対する各別の催告

特例有限会社が資本金の額を減少する場合には、以下に掲げる事項を官報に公告し、かつ、知れている債権者には、各別にこれを催告しなければなりません（会社法449条2項）。ただし、特例有限会社がこの公告を、官報のほか、会社法939条1項の規定による定款の定めに従い、同項2号（時事に関する事項を掲載する日刊新聞紙に掲載する方法）または3号（電子公告）に掲げる方法により公告するときは、各別の催告をする必要はありません（会社法449条3項）。

①　当該資本金の額の減少の内容

②　当該特例有限会社の計算書類に関する事項として法務省令で定めるもの
　　特例有限会社は、計算書類の公告義務はありません（平成17年整備法28条）ので、法務省令で定める事項としては、「計算書類の公告義務はありません。」と記載します（会社計算規則152条4号）。

③　債権者が一定の期間内に異議を述べることができる旨
　　この期間は、1か月を下ることはできません（会社法449条2項ただし書）。

（官報公告の文例・・・現実の公告は縦書きで、枠なし公告です。）

資本金の額の減少公告

　当社は、資本金の額を○○万円減少し○○万円とすることにいたしました。

　この決定に対し異議のある債権者は、本公告掲載の翌日から一箇月以内にお申し出下さい。

　なお、計算書類の公告義務はありません。

　令和元年○○月○日

```
○○県○○市○○町○丁目○番○号
  ○○産業有限会社
    代表取締役  ○○  ○○○
```

（注）資本金の額の減少公告は、通常枠なし公告で、1行22文字以内、1行3,589円です。

⑵　会社債権者に対する公告および知れている債権者に対する催告の効果

　債権者が前記⑴③の期間内に異議を述べなかったときは、当該債権者は、当該資本金の額の減少について承認したものとみなされます（会社法449条4項）。しかし、債権者が⑴③の期間内に異議を述べたときは、特例有限会社は、当該債権者に対し、弁済し、もしくは相当の担保を供し、または当該債権者に弁済を受けさせることを目的として信託会社等に相当の財産を信託しなければなりません（会社法449条5項本文）。ただし、当該資本金の額の減少をしても当該債権者を害するおそれがないときは、当該債権者に対し、弁済し、もしくは相当の担保を供し、または当該債権者に弁済を受けさせることを目的として信託会社等に相当の財産を信託する必要はありません（会社法449条5項ただし書）。

⑶　資本金の額の減少の効力発生時期

　資本金の額の減少の効力は、株主総会の特別決議で定めた効力発生の日（会社法447条1項3号）に生じます。ただし、債権者の異議手続（会社法449条2項から5項までの規定による手続）が終了していないときは、株主総会の特別決議で定めた効力発生の日に効力は生じません（会社法449条6項ただし書）ので、株主総会の特別決議で定めた効力発生日の到来する前に効力発生日を変更する必要があります（会社法449条7項）。

Q103　特例有限会社の準備金の額の減少の手続

Q　特例有限会社も準備金の額の減少をすることができると考えますが、資本金への組入れの場合も、それ以外の場合も、準備金の額の減少手続は、通常の株式会社の準備金の額の減少の場合と同様に考えてよろ

しいでしょうか。

A　特例有限会社も準備金（資本準備金・利益準備金）の額を減少することができますが、その手続は、資本金への組入れの場合も、それ以外の準備金の額の減少の場合も、通常の株式会社の準備金の額の減少の場合と同様です。なお、欠損てん補の目的の場合には、資本金の額の減少の方法よりも、準備金の額の減少の方法の方が手続きも簡便です（株主総会の普通決議で、かつ債権者異議手続も不要です。）から、準備金がある場合には、まず準備金から減少すべきものと考えます。

解 説

1．特例有限会社の準備金の額の減少

　貸借対照表の純資産の部の一部を構成する準備金（資本準備金・利益準備金）の額は、法定のルールに従って定まり、準備金を減少させると、資本金への組入れの場合は資本金の額が増加し、そうでない場合は分配可能額（その他資本剰余金およびその他利益剰余金）が増加します。したがって、準備金の減少は、株主および会社債権者の利害に影響を及ぼしますので、一定の手続きを得ることを条件に許されています。

2．株主総会の特別決議

　特例有限会社の準備金の額の減少手続きは、資本金への組入れの場合も、それ以外の場合（これには、①欠損てん補の目的の場合と、②それ以外の目的の場合があります。）も、通常の株式会社の準備金の額の減少の場合と同様です。

　ところで、特例有限会社が準備金の額を減少するには、株主総会の普通決議によって、以下に掲げる事項を定めなければなりません（会社法448条1項）。ただし、会社が株式の発行と同時に準備金の額を減少する場合において、当該準備金の額の減少の効力が生じる日後の準備金の額が当該日前の準備金の額を下回らないときは、株主総会の決議ではなく、取締役の決定で足ります（会社法448条3項）。

　(1)　減少する準備金の額

　この金額は、(3)の時点における準備金の額をこえることはできません（会社法448条2項）。

　⑵　減少する準備金の額の全部または一部を資本金とするときは、その旨および資本金とする額

　⑶　準備金の額の減少がその効力を生じる日

3．債権者の異議手続

　⑴　会社債権者に対する官報による公告および知れている債権者に対する各別の催告

　特例有限会社が準備金の額を減少する場合（減少する準備金の額の全部を資本金の額とする場合を除く。）には、以下に掲げる事項を官報に公告し、かつ、知れている債権者には、各別にこれを催告しなければなりません（会社法449条2項）。ただし、特例有限会社がこの公告を、官報のほか、会社法939条1項の規定による定款の定めに従い、同項2号（時事に関する事項を掲載する日刊新聞紙に掲載する方法）または3号（電子公告）に掲げる方法により公告するときは、各別の催告をする必要はありません（会社法449条3項）。

　なお、定時株主総会において、定時株主総会の日における欠損の額を超えない範囲で準備金の額のみを減少をする旨の決議をする場合には、債権者異議手続をとる必要はありません（会社法449条1項ただし書）。

　①　当該準備金の額の減少の内容

　②　当該特例有限会社の計算書類に関する事項として法務省令で定めるもの

　　　特例有限会社は、計算書類の公告義務はありません（平成17年整備法28条）ので、法務省令で定める事項としては、「計算書類の公告義務はありません。」と記載します（会社計算規則152条4号）。

　③　債権者が一定の期間内に異議を述べることができる旨

　　　この期間は、1か月を下ることはできません（会社法449条2項ただし書）。

　⑵　会社債権者に対する公告および知れている債権者に対する催告の効果

　債権者が前記⑴③の期間内に異議を述べなかったときは、当該債権者は、当該準備金の額の減少について承認したものとみなされます（会社法449条4項）。

しかし、債権者が(1)③の期間内に異議を述べたときは、特例有限会社は、当該債権者に対し、弁済し、もしくは相当の担保を供し、または当該債権者に弁済を受けさせることを目的として信託会社等に相当の財産を信託しなければなりません（会社法449条5項本文）。ただし、当該準備金の額の減少をしても当該債権者を害するおそれがないときは、当該債権者に対し、弁済し、もしくは相当の担保を供し、または当該債権者に弁済を受けさせることを目的として信託会社等に相当の財産を信託する必要はありません（会社法449条5項ただし書）。

(3)　準備金の額の減少の効力発生時期

準備金の額の減少の効力は、株主総会の特別決議で定めた効力発生の日（会社法448条1項3号）に生じます。ただし、債権者の異議手続（会社法449条2項から5項までの規定による手続）が終了していないときは、株主総会で定めた効力発生の日に効力は生じません（会社法449条6項ただし書）ので、株主総会で定めた効力発生日の到来する前に効力発生日を変更する必要があります（会社法449条7項）。

Q104　各別に催告を要する「知れている債権者」の意義

Q　資本金の額の減少の手続において、各別に催告を要する「知れている債権者」には、少額の債権者も含まれるのでしょうか。少額債権者から異議の申し出があった場合は、その際弁済すればよいので、問題はないとする見解もあるようですが、いかがでしょうか。

A　少額債権者も債権者異議手続の対象になるか否かについては争いがありますが、債権額の多寡にかかわらず債権者異議手続の対象になると解するのが多数説です（伊藤壽英『会社法コンメンタール』11巻91頁（商事法務、2010年））。また、ご指摘のような見解（少数説）もありますが、この見解に対しては、会社法449条3項の規定が設けられていますので、少数説の前提とする状況は成立しないと解されています（伊藤壽英『前掲書』

11巻91頁)。

▌▌解　説

1.「知れている債権者」の意義

　各別に催告を要する「知れている債権者」とは、債権者が誰であり、その債権がいかなる原因に基づくいかなる内容のものかの大体を会社が知っている債権者をいうと解されています（江頭憲治郎『株式会社法〈第 8 版〉』730頁以下（有斐閣、2021年））。

2.少額債権者の取扱い

　これについて、江頭氏は「実務上、少額の債権者には催告をせず、その債権者が異議を述べ、または訴訟（資本金の額の減少無効の訴え等）を提起してきた場合に、弁済することで片づける（訴えは却下になる）例が多い。しかし、取締役・監査役・株主等が債権者の異議手続の懈怠を理由に資本金の額の減少無効の訴え等を提起した場合には、そうした便宜的措置では処理できない。」と述べています（江頭憲治郎『前掲書』731頁）。また、会社法449条 3 項の規定は、このような問題に対処するためのものですから、法律の規定どおり対処されるのが、無難といえます。▌

Q105　「資本金の額の減少をしても債権者を害するおそれがないことを証する書面」の具体例

Q　資本金の額の減少の手続において、債権者から異議の申し出があった場合においても、当該資本金の額の減少をしても当該債権者を害するおそれがないときは、当該債権者に対し、弁済し、もしくは相当の担保を供し、または当該債権者に弁済を受けさせることを目的として信託会社等に相当の財産を信託する必要はないとされ（会社法449条 5 項ただし書）、この場合には、「資本金の額の減少をしても債権者を害するおそれがないことを証する書面」が資本金の額の減少による変更の登記の添付書面とされていますが、この書面の具体的事例をお示し

> ください。

A　特例有限会社の資本金の額の減少において、当該特例有限会社が資本金の額の減少をしても債権者を害するおそれがない事例として適切な事例かどうか（現実にあり得る事例かどうか）という問題はありますが、次のような証明書が想定されます。

資本金の額の減少をしても債権者を害するおそれがないことの証明書

1．資本金の額の減少に異議の申し出があった債権
　　債権者　　　　○○株式会社
　　債権額　　　　○○万円
　　弁済期　　　　令和元年8月31日
　　担保の有無　　なし
2．資本金の額の減少をする会社の資産の状況
　　資本金の額　　○○○万円
　　資本剰余金　　　○○万円
　　　資本準備金　　○○万円
　　　その他資本剰余金　　○○万円
　　利益剰余金　　　○○○万円
　　　利益準備金　　　　　○○○万円
　　　その他利益剰余金　　○○○万円
　　　　別途積立金　　　　　○○万円
　　　　繰越利益剰余金　　○○○万円
3．営業の状況
　　当社の主力商品である○○の販売は、消費者のニーズも強く、経営は順調に推移しています。
4．資本金の額の減少をする目的

　　当会社の資本金の額を減少する目的は、欠損てん補のためではなく、事業規模に比べ過大となっている資本金の額を適正規模に減額するためのもので、減少する資本金の額は、すべてその他資本剰余金として、社内に留保する。

　　以上に述べた当社の資産状況および資本金額の減少の目的から判断して、当社が弁済期に異議を述べた債権者に弁済できることは確実であり、当該債権者を害するおそれがないことを証明します。

　　　　　　　　　令和○○年○○月○日
　　　　　　　　　○○県○○市○○町○丁目○番○号
　　　　　　　　　○○産業有限会社
　　　　　　　　　代表取締役　　○○　　○○○　　㊞

第7章　組織変更

Q106　特例有限会社に株式会社への組織変更ということはあるのでしょうか。

Q　特例有限会社に株式会社への組織変更ということは、あるのでしょうか。特例有限会社が商号に株式会社という文字を用いるには、どのようにすればよいのでしょうか。

A　会社法上は、特例有限会社も株式会社ですから、株式会社への組織変更ということはありません。特例有限会社が商号に株式会社という文字を用いるには商号を変更して通常の株式会社へ移行することになります（平成17年整備法45条、46条）が、2021年には、全国で1,770社の特例有限会社が商号を変更して通常の株式会社へ移行しています。

▌▌解 説

1．特例有限会社の株式会社への組織変更

　会社法上は、特例有限会社も株式会社ですから、株式会社への組織変更ということはありません。しかし、このままでは、商号には依然有限会社という文字が用いられたままですから、商号に株式会社という文字を用いることができるようにするためには、「商号変更による通常の株式会社への移行」をする（平成17年整備法44条、45条）以外に方法はありません。

2．商号変更による通常の株式会社への移行

　特例有限会社が通常の株式会社へ移行するには、①定款を変更して、その商号中に株式会社という文字を用いる商号の変更をし（平成17年整備法45条1項）、次いで、②当該特例有限会社については解散の登記、商号の変更後の株式会社については設立の登記を申請することになります。この場合、①の登記の申請および②の登記の申請は、同時にしなければなりません（平成17年整備法46条）。

　なお、特例有限会社が通常の株式会社へ移行するための定款変更の特別決議に際しては、商号中に「株式会社」という文字を用いる定款変更の決議のほか、通常の株式会社として将来必要になると思われる発行可能株式総数の拡大等もしていた方が登録免許税も不要ですから、合理的です。▌▌

Q107　特例有限会社は、合名会社または合資会社へ組織変更することができるでしょうか。

> **Q**　特例有限会社は、合名会社または合資会社へ組織変更することができるのでしょうか。
> 　組織変更をすることができる場合、現実に、そのような事例はあるのでしょうか。

A　特例有限会社も株式会社であり、平成17年整備法に合名会社または合資会社へ組織変更することができないとする規定がありませんので、特

例有限会社は、合名会社または合資会社へ組織変更することができます。2021年の法務省の統計によれば、組織変更による特例有限会社の解散が17件ありますが、合名会社・合資会社・合同会社のいずれに組織変更したかは判明しません。しかし、組織変更による合名会社の設立は1件、合資会社の設立が1件、合同会社の設立が101件ありますので、特例有限会社から合名会社または合資会社へ組織変更は、あっても合名会社への組織変更が1件、合資会社への組織変更が1件ということになります。

▌▌解 説

1．特例有限会社の合名会社または合資会社への組織変更

特例有限会社も株式会社であり、平成17年整備法に合名会社または合資会社へ組織変更することができないとする規定がありませんので、特例有限会社は、合名会社または合資会社へ組織変更することができます（会社法2条26号イ）。

2．特例有限会社の合名会社または合資会社への組織変更の件数

「e-Stat 政府統計の総合窓口」で公開されている2021年の法務省の統計によれば、組織変更による特例有限会社の解散が17件あり、合名会社・合資会社・合同会社のいずれに組織変更したかは判明しませんが、組織変更による合名会社の設立は1件、合資会社の設立が1件、合同会社の設立が101件あります。したがって、特例有限会社から合名会社または合資会社へ組織変更は、あっても合名会社への組織変更が1件、合資会社への組織変更が1件ということになります。▌▌

Q108 特例有限会社は、合同会社へ組織変更することができるでしょうか。

Q 特例有限会社は、合同会社へ組織変更することができるのでしょうか。

組織変更することができる場合は、その手続きの概要と現実に特例有限会社から合同会社へ組織変更する事例があるかないか、ご教示く

ださい。

A　特例有限会社は、合同会社へ組織変更することができます。その手続きの概要については、次の解説の項をご覧ください。

　特例有限会社から合同会社への組織変更する事例については、法務省の統計からは明らかではありませんが、特例有限会社の組織変更による解散が2021年に17件ありますので、あったとしても最大17件でしょう。

■ 解 説

1．特例有限会社の合同会社への組織変更

　特例有限会社も株式会社であり、平成17年整備法に合同会社へ組織変更することができないとする規定がありませんので、特例有限会社は、合同会社へ組織変更することができます（会社法2条26号イ）。

2．特例有限会社の合同会社への組織変更手続の概要

　特例有限会社の合同会社への組織変更手続の概要は、①組織変更計画の作成（会社法743条後段、744条）、②組織変更計画に関する書面等の備置および閲覧等（会社法775条）、③組織変更計画の承認（会社法776条1項）、④登録株式質権者および登録新株予約権者に対する通知・公告（会社法776条2項・3項）、⑤新株予約権者に対する通知・公告（会社法777条3項・4項）、⑥新株予約権の買取請求手続（会社法777条5項、778条）、⑦債権者の異議手続（会社法779条）、⑧組織変更の登記（会社法920条）ということになります。

3．特例有限会社の合同会社への組織変更の件数

　2021年の法務省の統計によれば、組織変更による特例有限会社の解散が17件ありますが、特例有限会社が組織変更可能な合名会社、合資会社または合同会社のいずれに組織変更したかは判明しません。しかし、組織変更による合名会社の設立は1件、合資会社の設立が1件、合同会社の設立が101件あります。そこで、特例有限会社から合同会社への組織変更は、最大17件ということになります。■

第 8 章　組織再編

Q 109　特例有限会社が特例有限会社を吸収合併することの可否

Q 　特例有限会社が特例有限会社を吸収合併することができるのでしょうか。

A 　特例有限会社は、吸収合併存続会社となることはできませんので、ご質問の吸収合併はすることができません。

解 説

　平成17年整備法37条は、「特例有限会社は、会社法第749条第 1 項に規定する吸収合併存続会社となることができない。」と規定していますので、特例有限会社が特例有限会社を吸収合併することはできません。

Q 110　特例有限会社が株式会社への移行の効力発生を条件に特例有限会社を吸収合併することの可否

Q 　特例有限会社は、吸収合併存続会社となることはできないとされていますが、特例有限会社が、商号変更による通常の株式会社への移行の効力発生を条件に特例有限会社を吸収合併することはできるでしょうか。

A 　特例有限会社は、吸収合併の効力発生前までに、特例有限会社の商号変更による通常の株式会社への移行が効力を生ずることを条件に、特例有限会社を吸収合併することができると解されています。

解 説

　1.　特例有限会社が商号変更による移行を条件に特例有限会社を吸収合併することの可否

Q109で述べたように特例有限会社が特例有限会社を吸収合併することはできません（平成17年整備法37条）。しかし、特例有限会社も商号変更による通常の株式会社へ移行の登記後であれば、特例有限会社を吸収合併することができます。そこで、特例有限会社を吸収合併する効力発生の時までに、特例有限会社が商号を変更して通常の株式会社へ移行することを条件に特例有限会社を吸収合併することができないかどうかが問題になりますが、この点について、実務は、「吸収合併の効力発生までに商号変更の効力が発生することを条件として、特例有限会社が合併契約の締結（総会決議は、商号変更後に合併する旨の条件付決議であることを要する。）および債権者保護手続を行うことも可能」と解して運用されています（渡部吉俊『会社法施行後における商業登記実務の諸問題(4)』登記情報546号30頁）。

２．手続上の留意事項

特例有限会社が商号変更による移行を条件に特例有限会社を吸収合併する手続をすすめる場合には、以下の点に留意する必要があります（渡部吉俊『会社法施行後における商業登記実務の諸問題(4)』登記情報546号30頁以下）。

① 吸収合併契約において定める吸収合併存続会社の商号（会社法749条1項1号）として、特例有限会社の商号のほかに通常の株式会社に移行後の商号も記載または記録する。

② 吸収合併が効力を生ずる日（会社法749条1項6号）として、特例有限会社の通常の株式会社へ移行の効力を生ずる日も記載または記録する。

③ 債権者異議公告または催告の内容（会社法799条2項）として、商号変更による通常の株式会社へ移行の効力発生が条件であることも記載または記録する。

④ ③の公告および催告に示す計算書類に関する事項（会社法799条2項3号）として、最終事業年度に関する特例有限会社の貸借対照表を示す必要がある。したがって、特例有限会社の公告はなされていないので、官報に同時公告をすることになります（会社法施行規則199条7号）。

3　債権者異議公告の文例

（官報の公告は縦書きです）

合併公告

　左記会社は、甲が商号を株式会社Aに変更することを条件に合併して甲は乙の権利義務全部を承継して存続し乙は解散することにいたしました。この合併に対し異議のある債権者は、本公告掲載の翌日から一箇月以内にお申し出下さい。なお、最終貸借対照表の開示状況は次のとおりです。

　（甲）左記のとおりです。

　（乙）計算書類の公告義務はありません。

令和〇〇年〇月〇日

　　　東京都中央区〇〇一丁目〇番〇号

　　　　　　　　　　　　　　（甲）有限会社A

　　　　　　　　　　代表取締役　〇〇　〇〇

　　　東京都中央区〇〇二丁目〇番〇号

　　　　　　　　　　　　　　（乙）有限会社B

　　　　　　　　　　代表取締役　△△　△△

第〇期決算公告　　　　　令和〇〇年〇月〇日

　　　東京都中央区〇〇一丁目2番3号

　　　　　　　　　　　　　　有限会社A

　　　　　　　　　　代表取締役　〇〇　〇〇

貸借対照表の要旨（令和〇〇年〇月〇日現在）

（略）

Q111　特例有限会社が消滅会社となり、特例有限会社以外の会社が存続会社となる吸収合併の可否

Q 　特例有限会社が消滅会社となり、特例有限会社以外の会社が存続会社となる吸収合併はすることができるのでしょうか。また、現実にそのような合併はあるのでしょうか。

A 　特例有限会社が消滅会社となり、株式会社、合名会社、合資会社または合同会社が吸収合併存続会社となる合併はすることができます。法務省が公表している資料によれば、特例有限会社の合併による解散が2021年に560件ありますので、おそらくこの合併のほとんどは、株式会社が吸収合併存続会社となる合併ではないでしょうか。

■ 解 説

　特例有限会社が消滅会社となり、株式会社、合名会社、合資会社または合同会社が吸収合併存続会社となる合併はすることができます（会社法748条、平成17年整備法37条）。現実にこのような合併がどの程度あるかは、法務省の公表資料から詳細は判明しませんが、特例有限会社の合併による解散が2021年に560件ありますので、おそらくこの合併のほとんどは、株式会社が吸収合併存続会社となる合併ではないでしょうか。■

Q112　特例有限会社と特例有限会社が合併して株式会社を設立することの可否

Q 　特例有限会社と特例有限会社が合併して株式会社を設立することはできるのでしょうか。
　また、現実にこのような合併はあるのでしょうか。

A 　特例有限会社と特例有限会社が合併して株式会社を設立することは可能ですが、現実にこのような合併の有無は、法務省の統計からは判明しませんが、合併によって株式会社を新設する新設合併は、2021年に全国

で3件ありました。ただし、合併当事会社の種類は、統計からは判明しません。

■■ 解 説

　合併の当事者については、特例有限会社が吸収合併存続会社となる合併が禁止されているだけで（平成17年整備法37条）、その他禁止規定はありません（会社法748条）ので、特例有限会社と特例有限会社が合併して株式会社を設立することは可能と考えます。

　次に、現実にこのような合併があるか否かは法務省の統計資料からは判明しませんが、法務省が公開している2021年の統計資料によれば、株式会社の新設合併は3件、合名会社の新設合併は0件、合資会社の新設合併は0件、合同会社の新設合併は0件ですから、特例有限会社と特例有限会社が合併して株式会社を設立する合併はないのではないでしょうか。■■

Q113　特例有限会社が分割会社となり、特例有限会社以外の会社が承継会社となる吸収分割の可否

Q　特例有限会社が分割会社となり、特例有限会社以外の会社が承継会社となる吸収分割は可能でしょうか。
　　　また、現実にこのような会社分割はあるのでしょうか。

A　特例有限会社が分割会社となり、特例有限会社以外の会社が吸収分割承継会社となる吸収分割は可能ですが、現実に、このような会社分割があるかどうかは、法務省の統計資料からは判明しません。

■■ 解 説

　特例有限会社が分割会社となり、株式会社、合名会社、合資会社または合同会社が吸収分割承継会社となる吸収分割はすることができます（会社法757条、平成17年整備法37条参照）。

　しかし、現実にこのような会社分割がどの程度あるかは、法務省の統計資料

からは判明しませんので、正確な回答は困難ですが、このような会社の分割は、ほとんどないのではないかと考えます。■

Q114 特例有限会社が分割会社となり、特例有限会社以外の会社が新設分割設立会社となる新設分割の可否

Q 特例有限会社が分割会社となり、特例有限会社以外の会社が新設分割設立会社となる新設分割は可能でしょうか。
また、現実にこのような会社分割はあるのでしょうか。

A 特例有限会社が新設分割会社となり、特例有限会社以外の会社が新設分割設立会社となる新設分割は可能ですが、現実に、このような会社分割があるかどうかは、法務省の統計資料からは判明しません。

■解説

特例有限会社が新設分割会社となり、株式会社、合名会社、合資会社または合同会社が新設分割設立会社となる会社分割はすることができます（会社法757条、平成17年整備法37条参照）。しかし、現実にこのような会社分割がどの程度あるかは、法務省の統計資料からは判明しませんので、正確な回答は困難ですが、このような会社の分割は、あったとしても株式会社が新設分割設立会社となる新設分割ではないでしょうか。ちなみに法務省が公開している2021年の統計資料によれば、株式会社が新設分割設立会社となる新設分割は784件ありますが、合名会社および合資会社については0件、合同会社については18件あります。

Q115 特例有限会社が当事者となる株式交換または株式移転の可否

Q 特例有限会社が当事者となる株式交換または株式移転は可能でしょ

うか。

A　特例有限会社が当事者となる株式交換または株式移転はできません。

解　説

　特例有限会社については、会社法第5編第4章並びに第5章中株式交換および株式移転の手続に係る部分の規定は、適用しないとされています（平成17年整備法38条）ので、特例有限会社が当事者となる株式交換または株式移転はできません。

第9章　解　　散

Q116　特例有限会社の解散の事由

Q　特例有限会社の解散の事由には、どのようなものがあるのでしょうか。また、特例有限会社には、休眠会社のみなし解散の制度は適用されるのでしょうか。

A　特例有限会社の解散の事由は、以下のとおりです（会社法471条）。なお、特例有限会社には、休眠会社のみなし解散の制度は適用されません。

1．定款で定めた存続期間の満了
2．定款で定めた解散の事由の発生
3．株主総会の決議
4．合併（合併により当該株式会社が消滅会社になる場合）
5．破産手続開始の決定
6．会社法824条1項または833条1項の規定による解散を命ずる裁判

解　説

1．特例有限会社の解散の件数

　法務省の「登記統計」によれば、2021年の特例有限会社の解散の件数は、

17,541件、その内訳は、①組織変更による解散17件、②商号変更による解散
1,770件、③合併による解散560件、④株主総会の決議その他の事由による解散
15,194件です。④の事由による解散には、株主総会の決議による解散、定款で
定めた存続期間の満了による解散、定款で定めた解散の事由の発生による解散
等がありますが、おそらくそのほとんどが株主総会の決議による解散と思われ
ます。

2．解散の登記の申請

⑴　定款で定めた存続期間の満了等による解散の場合

定款で定めた存続期間の満了、定款で定めた解散の事由の発生および株主総
会の決議によって解散した場合には、その本店の所在地においては2週間以内
に解散の登記を申請しなければなりません（会社法926条）。

⑵　合併による解散の場合

特例有限会社は、特例有限会社が合併消滅会社となる合併によって解散しま
す。特例有限会社は、合併存続会社または新設合併設立会社となる合併をする
ことはできませんが、吸収合併消滅会社または株式会社を設立する新設合併消
滅会社になることができます。

⑶　破産手続開始の決定による解散の場合

破産手続開始の決定は、会社の解散事由とされています（会社法641条6号）が、
破産手続開始の決定の場合は、裁判所書記官からその旨の登記が嘱託されるだ
けで（破産法257条1項）、解散の登記がされることはありません。

⑷　会社法824条1項または833条1項の規定による解散を命ずる裁判

会社の解散の訴えに係る請求を認容する判決が確定した場合および会社法
824条1項の規定による会社の解散を命ずる裁判が確定した場合には、裁判所
書記官が職権で、遅滞なく、本店の所在地を管轄する登記所にその登記を嘱託
することになります（会社法937条1項1号リ、3号ロ）。

3．特例有限会社と休眠会社のみなし解散制度の適用の有無

特例有限会社の取締役には任期がなく、したがって、特例有限会社において
は定期的に登記申請義務が発生することはありません。休眠会社のみなし解散

の制度は、定期的に登記申請義務が発生することを前提にしていますので、特例有限会社には、休眠会社のみなし解散の制度は適用されません（平成17年整備法32条）。■■

Q117 株主総会の決議による解散とその留意点

Q 株主総会の決議によって特例有限会社を解散する場合、その留意点について説明してください。

A 法務省の「登記統計」によれば、2021年の特例有限会社の株主総会の決議による解散の件数は、約15,194件ですから、特例有限会社の登記の種類別件数としては多い方です。

ところで、特例有限会社が株主総会の決議によって解散する場合には、次の点に留意する必要があります。

１．株主総会における解散決議の要件

特例有限会社が株主総会の決議によって解散する場合には、株主総会の特別決議で、解散する旨を決議しなければなりません（会社法309条2項11号）。この場合、特に留意する必要があるのが、特別決議の要件です（平成17年整備法14条3項）。

会社法309条2項の規定を修正する平成17年整備法14条3項は、特例有限会社の株主総会の特別決議の要件について、「総株主の半数以上（これを上回る割合を定款で定めた場合にあっては、その割合以上）であって、当該株主の議決権の4分の3（これを上回る割合を定款で定めた場合にあっては、その割合）以上に当たる多数をもって行わなければならない。」と規定して、通常の株式会社の特別決議より、その要件を加重しています。定足数として「頭数」要件が規定され、決議の成立要件も「当該株主の議決権の4分の3」というように通常の株式会社に比べ極めて厳しいものになっていますので、留意する必要があります。

２．期限付解散決議の可否

　筆者は、解散の日を１か月程度後の日とする期限付解散の決議については、登記官がこれを明らかに無効な決議と断定することは困難と考えていますので、登記官が期限付解散の決議に基づく解散の登記の申請を却下することは困難と考えています。しかし、法務当局は、以下のような理由で、２週間を超える期限付解散の決議に基づく登記の申請は、これを受理すべきではないとする極めて厳しい見解をとっていますので、要注意です。

　すなわち、法務当局の主張する理由は、「解散の日を将来の日としようとする場合には、存続期間の定めとして定款に定め、その登記がされることが会社法の趣旨に沿うものと考えられ、もし、株主総会が自由に期限付解散決議をすることができるとすると、定款で存続期間を定めたことと何ら変わりはないにもかかわらず、その旨を登記しなくてもよいこととなり、存続期間を登記事項とし、これを公示することにより、取引の安全を図ろうとした会社法の趣旨に反するものと考えられる。

　よって、解散日を数か月後の日とする期限付解散決議をした株式会社が当該決議に係る株主総会議事録を申請書に添付してした解散の登記の申請は、受理することができないと考えられる（なお、当該決議をもって、当該株式会社の存続期間の定めを設ける定款変更の決議がされたものと考えることは、可能と考えられるので、当該株主総会議事録を申請書に添付してされた存続期間の定めに関する変更の登記の申請は、受理することができると考えられる。）。

　ただし、会社法上、変更の登記及び解散の登記にいずれも２週間の猶予期間が設けられていること（同法第915条第１項、第926条）に鑑みれば、当該株主総会決議日から解散日が２週間以内とされているものであれば、取引の安全を図るという会社法の趣旨にも必ずしも反しないと考えられるので、期限付解散決議に係る解散の登記を受理して差し支えない（昭和34年10月29日民事甲第2371号民事局長電報回答参照）。また、主務官庁の許認

可等を要する業種の法人についてその手続に要する合理的期間だけ先立って解散決議をするという場合も、同様に当該登記根拠法令の趣旨に反しないと考えられることから、期限付解散決議に係る解散の登記を受理して差し支えないと考えられる。」という趣旨です。

　なお、ここでは、1か月後の日を解散の日とする解散登記の申請は受理すべきではないと明言はしていませんが、実務では、2週間を超える期限付解散決議に係る解散の登記の申請は、各登記所とも受理しない取扱いですから、要注意です。

Q118　解散の登記の申請

Q　解散および清算人の登記は、一括申請するのが通例と考えますが、解散の登記のみ申請することは可能でしょうか。

A　解散および清算人の登記は、一括申請するのが通例ですが、解散の登記のみ申請することは可能です。ただし、解散会社を代表して登記の申請をするのは代表清算人ですから、清算人および代表清算人の登記のみ後日申請することは、合理的ではなく、通常はないものと考えます。

解 説

1．解散の登記の申請人

　解散の登記は、解散後の会社（清算特例有限会社）を代表する清算人が清算会社を代表して申請します。

2．解散の登記のみの申請の可否

　解散の登記は、最初の清算人の登記と同時にすることを義務付けられていません（登記研究259号73頁）。そこで、解散の登記と清算人の登記は、各別に申請することも可能ですが、解散の登記の申請書には、解散当時の取締役または代表取締役が代表清算人となる場合を除いて、代表清算人の資格を証する書面を添付しなければなりません（商登法71条3項）ので、解散の登記と清算人の登記

は一括申請するのが通例です。■ ■

▍ Q119　解散の登記の添付書面

Q　解散の登記の申請書に添付する「代表清算人の資格を証する書面」には、どのようなものがあるのでしょうか。

A　商業登記法71条3項の規定により解散の登記の申請書に添付する「代表清算人の資格を証する書面」には、次のものがあります。なお、解散当時の取締役または代表取締役が代表清算人となる場合には、登記簿から代表清算人が判明しますので、代表清算人の資格を証する書面を添付する必要はありません（商登法71条3項ただし書、会社法478条1項1号、483条1項・4項、928条1項2号・3項参照）。

1．定款に会社を代表すべき清算人が定められている場合は、定款および清算人の就任承諾書（会社法478条1項1号、483条1項・3項参照）

2．定款の定めに基づく清算人の互選によって清算人（会社法478条1項2号・3号）の中から代表清算人が選ばれている場合（会社法483条3項）は、定款、株主総会議事録（清算人が株主総会で選ばれているとき）および互選書ならびに清算人・代表清算人の就任承諾書

3．株主総会の決議によって清算人（会社法478条1項2号・3号）の中から代表清算人が選任されている場合（会社法483条3項）は、定款（定款に清算人が定められているとき）、株主総会議事録、株主リストおよび清算人・代表清算人（株主総会の決議によって清算人および代表清算人が定められているときは、代表清算人の就任承諾書は不要）の就任承諾書

4．裁判所によって代表清算人が選任されている場合は、裁判所の選任決定書の謄本。この場合は、裁判所において就任承諾の意思を確認しているので、就任承諾書を添付する必要はありません。

第10章　清算特例有限会社の機関

▦ Q120　清算特例有限会社の機関 ▦

Q 清算特例有限会社の機関には、どのようなものがあるのでしょうか。

A 　清算特例有限会社の機関としては、株主総会のほか、1人または2人以上の清算人を置く必要があります。なお、任意の機関として監査役を置くことができますが、清算人会および監査役会を置くことはできません（平成17年整備法33条1項、会社法477条）。

第11章　清算人の登記

▦ Q121　特例有限会社の清算人 ▦

Q 　特例有限会社が、①定款で定めた存続期間の満了、②定款で定めた解散の事由の発生または③株主総会の決議によって解散した場合、誰が清算人になるのでしょうか。

A 　特例有限会社が、①定款で定めた存続期間の満了、②定款で定めた解散の事由の発生または③株主総会の決議によって解散した場合には、次に掲げる者が、次に掲げる順序で清算人になります（会社法478条1項・2項）。

1．定款で定める者
2．株主総会の決議で選任された者
3．取締役
4．以上の順番で清算人になる者がいないときは、裁判所が選任した者

■■ 解　説

1．清算人

　清算人は、清算会社の業務を執行し（会社法482条1項）、清算会社を代表する（会社法483条1項）清算会社の機関です。清算人は1人でも差し支えありません（会社法477条1項）が、2人以上いる場合は、その過半数で清算業務を決定し（会社法482条2項）、各自清算会社を代表します（会社法483条2項）。ただし、代表清算人が選定されている場合は、代表清算人が清算特例有限会社を代表します。

　特例有限会社が、①定款で定めた存続期間の満了、②定款で定めた解散の事由の発生または③株主総会の決議によって解散した場合には、次に掲げる者が、次に掲げる順番で清算人になります（会社法478条1項・2項）。

　なお、清算人には、取締役と同様の欠格事由があります（会社法478条8項、331条1項）ので、要注意です。

⑴　定款で定める者

⑵　株主総会の決議で選任された者

⑶　取締役

⑷　以上の順番で清算人になる者がいないときは、裁判所が選任した者

以上の場合、次の点に留意する必要があります。

①　清算人には法定の任期はありません（会社法480条2項、336条1項参照）。

②　⑶の場合、取締役の権利義務を有する者も清算人になることができます（昭和49年11月19日民四5938号第四課長通知）。

③　⑷の場合の登記は、裁判所の嘱託による登記ではなく、清算会社を代表する清算人の申請による登記です。

④　清算特例有限会社は、清算人会を置くことはできません（平成17年整備法33条1項）。

2．代表清算人

　清算特例有限会社は、定款、定款の定めに基づく清算人の互選または株主総会の決議によって、清算人の中から代表清算人を定めることができます（会社法483条3項）ので、この場合は当該代表清算人が会社を代表します。

　なお、取締役が清算人になる場合において、代表取締役を定めているときは、

当該代表取締役が代表清算人になります（会社法483条4項）。■

Q122 清算特例有限会社の機関設計

Q 清算特例有限会社は、どのような機関を設置することができるのでしょうか。

A 清算特例有限会社には、機関として、株主総会および清算人のほか監査役を置くことができます。

■ 解 説

1．清算特例有限会社の機関設計

清算特例有限会社には、機関として、株主総会および清算人のほか監査役を置くことができます。ただし、監査役を置くには、定款に監査役を置く旨の定めが必要です（会社法477条2項、平成17年整備法33条1項）。

なお、特例有限会社には、会社法477条4項の大会社に監査役の設置を義務付ける規定は適用されません（平成17年経過措置政令6条）ので、解散時に大会社であった特例有限会社も監査役の設置義務はありません。

2．定款に監査役を置く旨の定めがある特例有限会社の解散と監査役の設置義務

定款に監査役を置く旨定めている特例有限会社が解散した場合、その定めが無効になるわけではありません。したがって、特例有限会社の監査役を置く旨の定めは、これを削除しない限り、清算特例有限会社の監査役を置く旨の定めとなり、監査役設置の義務があります。

なお、この場合、解散時に在任していた監査役は、辞任するか解任等されない限り、引き続き監査役として在任することになります（松井信憲『商業登記ハンドブック（第4版）』522頁参照（商事法務、2021年））。■

Q123 特例有限会社が株主総会の決議等により解散した場合の

清算手続の概要

Q 特例有限会社が会社法471条１号、２号または３号に掲げる事由によって解散した場合の清算手続の概要について、説明してください。

A 株主総会の決議等により解散した特例有限会社の清算手続の主な流れは、①清算人の就任（会社法478条）、②解散および清算人の登記の申請（会社法926条、928条１項・３項）、③清算人による清算事務の処理（現務の結了、債権の取立ておよび債務の弁済、残余財産の分配）（会社法481条）、④決算報告（会社法507条）、⑤清算結了登記の申請（会社法929条）、⑥帳簿資料の保存です（会社法508条）が、詳細は、次の解説をご覧ください。

▌解　説

1．解散の日における財産目録および貸借対照表の作成ならびに株主総会の承認

　清算人は、その就任後現務を結了し、遅滞なく、清算特例有限会社の財産の現況を調査し、解散の日における財産目録および貸借対照表を作成して、株主総会の承認を得なければなりません（会社法492条１項・３項、会社法施行規則145条）。

　なお、清算特例有限会社は、財産目録および貸借対照表を作成した時から本店の所在地における清算結了の登記の時までの間、当該財産目録および貸借対照表を保存しなければなりません（会社法492条４項）。

2．債権者に対する公告等

　清算特例有限会社は、解散後、遅滞なく、当該清算特例有限会社の債権者に対し、一定の期間内にその債権を申し出るべき旨を官報に公告し、かつ、知れている債権者には、各別にこれを催告しなければなりません。ただし、当該期間は２か月を下ることができません（会社法499条１項）。

3．債務の弁済の制限

　債権者に対する上記２の公告期間内は、原則として債務の弁済をすることができません（会社法500条）。

4．残余財産の分配

残余財産の分配の手続等については、会社法502条、504条、505条および506条に規定されています。

5．各清算事務年度に係る貸借対照表および事務報告等の作成

清算特例有限会社は、各清算事務年度（解散の日の翌日またはその後毎年その日に応答する日から始まる各1年の期間）に係る貸借対照表および事務報告ならびにこれらの附属明細書を作成しなければなりません（会社法494条1項、会社法施行規則146条、147条）。

なお、清算特例有限会社は、貸借対照表を作成した時から本店の所在地における清算結了の登記の時までの間、貸借対照表およびその附属明細書を保存しなければなりません（会社法494条3項）。

6．各清算事務年度に係る貸借対照表等の監査

監査役設置清算特例有限会社においては、貸借対照表および事務報告ならびにこれらの附属明細書は、監査役の監査を受けなければなりません（会社法495条、会社法施行規則148条）。

7．決算報告

清算特例有限会社は、清算事務が終了したときは、遅滞なく、法務省令で定める事項（会社法施行規則150条）を内容とする決算報告を作成し（会社法507条1項）、株主総会の承認を受けなければなりません（会社法507条3項）。

8．帳簿資料の保存

清算人は、清算特例有限会社の本店の所在地における清算結了の登記の時から10年間、清算特例有限会社の帳簿ならびにその事業および清算に関する重要な資料を保存しなければなりません（会社法508条）。

Q124　清算人の登記の登記事項

Q　会社法478条1項1号、2号または3号に掲げる者が特例有限会社の清算人になった場合、清算人の登記の登記事項は、どのような事項

> でしょうか。

■**A**　ご質問の場合の清算人の登記の登記事項は、清算人の氏名および住所ならびに代表清算人の氏名（特例有限会社を代表しない清算人がある場合に限ります。）です。

なお、会社法施行前に解散した特例有限会社の清算についても、いまだ清算人の登記をしていない場合は、登記事項は、以上と同様会社法の定めるところによります（平成17年整備法34条）。

■■ 解 説

1．最初の清算人の登記

最初の清算人の登記は、独立の登記とされています（筧ほか『［全訂第3版］詳解商業登記』上巻1298頁）ので、清算人の就任の年月日は登記されません（昭和41年8月24日民甲2441号民事局長回答）。

2．清算人の登記の登記事項

清算人の登記の登記事項は、清算人の氏名および住所ならびに代表清算人の氏名（特例有限会社を代表しない清算人がある場合に限る。）です（平成17年整備法43条2項）。特例有限会社を代表しない清算人がいない場合には、代表清算人の登記をすることはできません。

なお、監査役が就任した場合は、監査役の氏名も登記します。

また、会社法施行前に解散した特例有限会社の清算についても、いまだ清算人の登記をしていない場合は、登記事項は、以上と同様会社法の定めるところによります（平成17年整備法34条）。■■

■ Q125　最初の清算人の登記の添付書類

■**Q**　会社法478条1項1号、2号または3号に掲げる者が特例有限会社の清算人になった場合、清算人の登記申請書には、どのような書面を添付すればよろしいのでしょうか。

A　清算人の登記の添付書類は、次のとおりです。なお、代表清算人は、特例有限会社を代表しない清算人がある場合に限って登記することができます。

1．取締役・代表取締役が清算人・代表清算人になった場合

　⑴　代理人によって申請する場合は、その権限を証する書面（商登法18条）

　⑵　定款（商登法73条1項）

2．定款で定める者が清算人・代表清算人になった場合

　⑴　代理人によって申請する場合は、その権限を証する書面（商登法18条）

　⑵　定款（商登法73条1項）

　⑶　就任を承諾したことを証する書面（商登法73条2項）

3．株主総会の決議によって選任された者が清算人・代表清算人になった場合

　⑴　代理人によって申請する場合は、その権限を証する書面（商登法18条）

　⑵　株主総会議事録（商登法46条2項）

　⑶　株主リスト（商登規61条3項）

　⑷　就任を承諾したことを証する書面（商登法73条2項）

解　説

1．取締役・代表取締役が清算人・代表清算人になった場合

　特例有限会社の清算人には、まず①定款に定める者、次に②株主総会の決議によって選任された者、その次に③取締役・代表取締役がなります（会社法478条1項、483条4項）ので、①の場合には、定款に清算人に関する定めがないことを明らかにするために定款の添付を要します（商登法73条1項）。

　なお、代表清算人は、特例有限会社を代表しない清算人がある場合に限って登記することができます（平成17年整備法43条2項）。

２．定款で定める者が清算人・代表清算人になった場合

この場合は、清算人および代表清算人を定めた定款および就任を承諾したことを証する書面の添付を要します（商登法73条１項・２項）。

なお、代表清算人は、特例有限会社を代表しない清算人がある場合に限って登記することができます（平成17年整備法43条２項）。

３．株主総会の決議によって選任された者が清算人・代表清算人になった場合

この場合は、株主総会で清算人を選任しますが、代表清算人は、株主総会で数名の清算人を選任し、そのうちの一部の者を代表清算人に定めるときに限って選任することができます（平成17年整備法43条２項）。

なお、清算特例有限会社には清算人会を置くことができませんので、定款の添付を要しないと解されています（登記研究707号194頁）。 ▆

Q126　清算人の変更の登記の添付書類

Q 　清算人が変更になった場合、清算人の変更の登記の申請書には、どのような書面を添付すればよいのでしょうか。

A 　清算人の変更による変更の登記の添付書面は、清算人の退任を証する書面（商登法74条２項）および清算人の就任を証する書面（商登法73条２項・３項）です。詳細は、解説をご覧ください。

▋解　説

１．清算人の退任を証する書面

清算人の変更による変更の登記の申請書には、清算人の退任を証する書面を添付しなければなりません（商登法74条２項）が、この書面としては、①清算人が辞任した場合には、辞任を証する書面（辞任届等）、②株主総会の決議によって解任した場合には当該株主総会議事録、③清算人の死亡による退任の場合、死亡診断書または戸籍謄抄本、④清算人が欠格事由（会社法331条１項、478条８項）

に該当したことによって退任した場合には、欠格事由に該当したことを証する書面等が該当します。

2．清算人の就任を証する書面

清算人の就任を証する書面としては、前述した「最初の清算人の登記の添付書類」が該当します（商登法73条）が、変更後の清算人は、株主総会の決議によって選任されるケースが多いと考えます。そこで、この場合は、①株主総会議事録（商登法46条2項）、②株主リスト（商登規61条3項）および③就任を承諾したことを証する書面（商登法73条2項）を添付することになりますが、清算特例有限会社には清算人会を置くことができませんので、定款を添付する必要はありません（登記研究707号194頁）。

なお、裁判所が清算人を選任し、または代表清算人を定めた場合には、清算人の選任および代表清算人の決定を証する裁判の謄本を添付します（商登法73条3項、74条）。

第12章　清算結了登記

Q127　解散の日から2か月以内の清算結了登記の申請は、何故受理されないのでしょうか。

Q　解散の日から2か月以内に清算結了登記の申請をした場合、何故受理されないのでしょうか。

A　解散の日から2か月以内では、いまだ清算が結了していないことが明らかです（会社法499条1項ただし書）から、解散の日から2か月以内に清算結了登記の申請をしても受理されません。

■ 解　説

1．清算人の職務

清算人の主な職務（会社法481条、492条、499条、507条、926条、928条1項・3項、

929条）は、まず①現務を結了し、②解散および清算人の登記を申請し、③清算事務（債権者に対する公告、財産目録および貸借対照表等の作成、債権の取立ておよび債務の弁済、残余財産の分配、清算事務報告等）を処理し、④決算報告後、⑤清算結了登記の申請をすることです。

2．解散の日から2か月以内に申請する清算結了登記の受否

　清算人の職務である債権者に対する公告は、当該清算特例有限会社の債権者に対し、一定の期間内にその債権を申し出るべき旨を官報に公告し、かつ、知れている債権者には、各別にこれを催告することですが、当該期間は2か月を下ることができないとされています（会社法499条1項）。そこで、解散の日から2か月以内にはまだ清算が結了していないことになります。したがって、解散の日から2か月以内に清算結了登記の申請をしても当該登記の申請は、受理されません（商登法24条9号、昭和33年3月18日民甲572号通達）。

Q128　清算結了登記の添付書類

Q　清算結了登記の申請書には、どのような書類を添付しなければなりませんか。清算結了登記申請書の添付書類について説明してください。

A　清算結了登記の添付書類は、①決算報告の承認をした株主総会議事録、②株主リスト、および③代理人によって申請する場合のその権限を証する書面です。ただし、会社法施行前に解散した特例有限会社の清算については、登記事項を除き、なお従前の取扱いに従います。

■ 解 説

1．会社法施行後に解散した場合

⑴　決算報告の記載事項および株主総会の承認

　特例有限会社の清算手続については、平成17年整備法に特別の定めはありませんので、会社法に定める手続にしたがいます。したがって、清算事務が終了したときは、遅滞なく、会社法施行規則150条の定めるところにより、次に掲

げる事項を記載した決算報告を作成して株主総会の承認を得なければなりません（会社法507条）。そこで、決算報告を承認した株主総会議事録および株主リストを添付します（「決算報告」は株主総会議事録の一部になります。）（商登法75条、商登規61条 3 項）。

① 債権の取り立て、資産の処分その他の行為によって得た収入の額

② 債務の弁済、清算に係る費用の支払いその他の行為による費用の額

③ 残余財産の額（支払税額がある場合には、その税額および当該税額を控除した後の財産の額）

④ 1 株当たりの分配額（種類株式発行会社にあっては、各種類の株式 1 株当たりの分配額）

なお、④については、残余財産の分配を完了した日および残余財産の全部または一部が金銭以外の財産である場合には、当該財産の種類および価額を注記しなければなりません（会社法施行規則150条 2 項）。

(2) 留意事項

支払税額がある場合には、未納付の段階でも（例えば、清算結了登記の登録免許税を挙げることができます。）、その税額および当該税額を控除した後の財産の額に基づき、残余財産を分配することができます。ただし、1 株当たりの分配額が判明しても、現実に分配が完了していない限り、清算事務が終了したとはいえません。

ところで、実務上発生するその他の留意点について、松井信憲著『商業登記ハンドブック（第 4 版）』538頁以下（商事法務、2021年）は、以下のように述べています。

「決算報告書において債務超過の事実が判明する場合には、たとえ株主総会の承認を得たときであっても、清算人は破産手続開始の申立てをする義務を負う（会社法484条 1 項、976条27号）から、清算結了の登記を受理することはできない（商登24条 8 号）。また、決算報告書において、債務超過部分を第三者が負担する旨が記載されていても、当該超過債務につき免責的債務引受けがされ、会社に債務がない状態で承認された決算報告書の添付がない限り、当該登記の申

請は受理できないとされている（昭43年5月2日民事甲1265号回答、登記研究247号71頁。決算報告書に加え、同報告書に記載された負債に係る債権放棄証書が添付された場合には、当該登記の申請を受理できることにつき、吉野太人『会社法施行後における登記実務の諸問題(7)』登記情報557号42頁）。ただし、例えば、会社に残る負債が、株主総会の終結時まで継続して負担すべき光熱費の支払い債務であり、その終結後直ちに支払いを予定していることが株主総会議事録の記載により判明するようなときは、当該登記の申請を受理して差し支えないものと解される。」

2．会社法施行前に解散した場合

この場合の清算については、なお従前の取扱いに従います（平成17年整備法34条）ので、旧有限会社法の規定（ほとんど旧商法の規定を準用）に従って清算手続を進めることになります。したがって、債権者に対する公告も、2か月内に少なくとも3回となり（旧有限会社法75条1項の規定による旧商法421条）、清算事務が終了したときは決算報告書を作成して株主総会の承認を得ることになります（旧有限会社法75条1項の規定による旧商法427条の準用）。そこで、この株主総会議事録が添付書面になります（改正前商登法101条、92条、64条2項）。

なお、清算に関する登記事項については、会社法の定めに従います（平成17年整備法34条ただし書）。▊▌

第13章　継続の登記

Q129　清算特例有限会社の継続の可否および継続が可能な場合はその手続の概要

Q　清算特例有限会社の継続は可能でしょうか。もし、継続が可能な場合は、その手続について、ご教示ください。

A　特例有限会社が、①定款で定めた存続期間の満了、②定款で定めた解散の事由の発生および、③株主総会の決議によって解散した場合には、

清算が結了するまでは会社の継続が可能ですが、そのためには、株主総会の特別決議で、会社を継続する旨および取締役等を定める必要があります。

▌ 解 説

1．清算特例有限会社の継続の可否

清算特例有限会社の継続については、これを禁止する規定はありません（平成17年整備法34条は、整備法施行前に解散した特例有限会社について継続が可能であることを前提とした規定を設けています。）ので、清算が結了する前であれば、清算特例有限会社の継続は可能です。ただし、継続ができるのは、清算特例有限会社が、①定款で定めた存続期間の満了、②定款で定めた解散の事由の発生および、③株主総会の決議によって解散した場合に限られます（会社法473条）。

2．清算特例有限会社の継続の手続

清算特例有限会社を継続する場合には、株主総会の特別決議（平成17年整備法14条3項）で、①会社を継続する旨および、②取締役等（監査役を置く場合には、監査役、取締役のうち、一部の者を代表取締役に定める場合は、代表取締役）を定める必要があります。

なお、解散前の定款は、そのまま効力を有していますので、存続期間の満了、定款に定めた解散の事由の発生によって解散した場合には、定款の変更とそれらの変更の登記が必要になります。

3．定款の定めに基づく代表取締役の互選

解散前の特例有限会社の定款に「当会社に取締役2人以上あるときは、取締役の互選によって代表取締役1人を選定する。」旨の定めがあるときは、この定款の規定は依然効力を有していますので、取締役が2人以上あるときは、取締役による代表取締役の互選が必要になります。

なお、登記官は、会社継続の登記をしたときは、解散の登記、清算人および代表清算人に関する登記を抹消する記号を記録しなければなりません（商登規73条）。▌

▓　Q130　清算特例有限会社の継続の登記の添付書類　▓

> **Q**　清算特例有限会社の継続の登記の添付書類には、どのようなものがあるのでしょうか。具体的にご教示ください。

A　清算特例有限会社の継続の登記の添付書類には、①継続の決議等をした株主総会議事録、②株主リスト、③定款の定めに基づき代表取締役を互選している場合は、定款および互選を証する書面、④取締役等が就任の承諾をしたことを証する書面、⑤代理人によって申請する場合の権限を証する書面です。なお、書面で申請する場合には、印鑑の提出が必要です（商登法20条削除、同法24条7号の改正、商登規9条1項4号、32条の2）。

▌▌　解　説

1．株主総会議事録

　会社継続の決議は、株主総会の特別決議です（会社法309条2項11号、平成17年整備法14条3項）から、以下の事項を決議した株主総会議事録および株主リストを添付します（会社法473条、商登法46条2項、商登規61条3項）。なお、この議事録は、清算人が作成し、次の(3)の場合を除き、清算人全員の市町村長の作成した印鑑証明書を添付しなければなりません（商登規61条6項）。

(1)　会社を継続する旨

(2)　取締役および監査役（定款に監査役を置く旨の定めがある場合に限り、定款も添付します。）選任

(3)　取締役が数名いる場合に一部の取締役を代表取締役に定める場合には、その定め

(4)　存続期間の満了、定款に定めた解散の事由の発生によって解散した場合には、これらの規定を削除または変更する定款の変更

2．代表取締役を互選したことを証する書面

　定款の定めに基づき取締役の互選によって代表取締役を選定している場合は、定款および互選を証する書面を添付します（商登法46条1項、商登規61条1項）。な

お、この書面の取締役の印鑑について、市町村長の作成した印鑑証明書を添付します（商登規61条6項2号）。

3．就任を承諾をしたことを証する書面

1の(2)および2の場合には、被選任者が就任を承諾をしたことを証する書面の添付を要します（商登法54条2項1号）。▮▮

第3編　資　料

■　　　■　　　■

1　通　達

（平成18年3月31日民商第782号民事局長通達）（抄）

第3部　有限会社

第1　旧有限会社の存続

　　整備法による有法の廃止後も、整備法の施行の際現に存する有限会社（以下「旧有限会社」という。）は、特段の手続を経ることなく、会社法の規定による株式会社として存続するとされた（整備法第2条第1項）。

　　これに伴い、旧有限会社の定款、社員、持分及び出資1口を存続する株式会社の定款、株主、株式及び1株とみなすとされ、旧有限会社の資本の総額を出資1口の金額で除して得た数を当該株式会社の発行可能株式総数及び発行済株式の総数とするとされた（整備法第2条第2項、第3項）。また、旧有限会社の定款における資本の総額、出資1口の金額、社員の氏名及び住所並びに各社員の出資の口数の記載は、存続する株式会社の定款に記載がないものとみなすとされ、旧有限会社について、資本確定の原則に代えて、授権資本制度を採用することが明らかにされた（整備法第5条第1項）。

　　なお、旧有限会社の設立（新設合併及び新設分割を含む。）について施行日前に行った手続は、施行日前にこれらの行為の効力が生じない場合には、その効力を失う（整備法第4条、第8部の第2の3の(1)参照）ため、施行日以後に、新たに有限会社が設立されることはない。

第2　株式会社に関する会社法の規定の特則

1　特例有限会社についての特則

　　第1により存続する株式会社でその商号中に有限会社という文字を用いるもの（以下「特例有限会社」という。整備法第3条第2項）については、株式会社に関する会社法の規定の適用があるが、次の特則が定め

られ、これらについては、改正前の有限会社と同様の取扱いをすること
が可能とされた。

(1)　商号

　　　特例有限会社は、その商号中に有限会社という文字を用いなければ
　　ならないとされた（整備法第3条第1項、有法第3条第1項参照）。

(2)　株式の譲渡制限の定め

　　　特例有限会社の定款には、その発行する全部の株式の内容として、
　　次に掲げる定めがあるものとみなし、これと異なる内容の定めを設け
　　る定款の変更をすることができないとされた（整備法第9条、有法第
　　19条第1項、第2項参照）。

　ア　株式を譲渡により取得することについて当該特例有限会社の承認
　　　を要する旨

　イ　当該特例有限会社の株主が株式を譲渡により取得する場合には、
　　　当該特例有限会社が承認をしたものとみなす旨

(3)　機関

　ア　株主総会の特別決議の決議要件

　　　　特例有限会社の株主総会の特別決議について、株式会社の場合よ
　　　りも決議要件が加重され、総株主の半数以上（これを上回る割合を
　　　定款で定めた場合にあっては、その割合以上）であって、当該株主
　　　の議決権の4分の3以上に当たる多数をもってするとされた（整備
　　　法第14条第3項、有法第48条第1項参照）。

　イ　株主総会以外の機関

　　　　特例有限会社は、1人以上の取締役を置かなければならないほか、
　　　定款の定めにより監査役を置くことができるとされ、取締役会、会
　　　計参与、監査役会、会計監査人又は委員会を置くことはできないと
　　　された（整備法第17条、有法第25条、第33条第1項参照）。

　ウ　取締役及び監査役の任期等

　　　　特例有限会社の取締役及び監査役の任期について、上限はないと

された（整備法第18条、有法第32条、第34条参照）。

(4) 計算書類の公告義務

特例有限会社は、貸借対照表の公告を要しないとされた（整備法第28条、有法第46条参照）。

(5) 解散及び清算

ア　休眠会社のみなし解散

特例有限会社については、休眠会社のみなし解散に関する規定は適用しないとされた（整備法第32条、有法第7章参照）。

イ　清算株式会社である特例有限会社の株主総会以外の機関

特例有限会社が清算会社となった場合には、1人以上の清算人を置かなければならないほか、定款の定めにより監査役を置くことができるとされ、清算人会又は監査役会を置くことはできないとされた（整備法第33条第1項、有法第75条第2項参照）。

ウ　特別清算

特例有限会社については、特別清算に関する規定は適用しないとされた（整備法第35条）。

(6) 組織再編

ア　合併及び会社分割

特例有限会社は、有限会社を設立することとなる新設合併又は新設分割をすることができない（整備法第4条参照）。

また、特例有限会社は、吸収合併存続会社又は吸収分割承継会社となることができないとされた（整備法第37条）。

イ　株式交換及び株式移転

特例有限会社については、株式交換及び株式移転に関する規定は適用しないとされた（整備法第38条）。

2　特例有限会社の登記の手続についての特則

(1) 特例有限会社の本店の所在地において登記すべき事項のうち、株式会社の設立の登記の登記すべき事項に相当するものは、次のとおりと

された（会社法第911条第3項、整備法第43条第1項）。取締役、代表取締役及び監査役に関する登記については、改正前の有限会社と同様であり、監査役設置会社の登記をすることは要しない。

ア　目的

イ　商号

ウ　本店及び支店の所在場所

エ　存続期間又は解散についての定款の定めがあるときは、その定め

オ　資本金の額

カ　発行可能株式総数

キ　発行する株式の内容（種類株式発行会社にあっては、発行可能種類株式総数及び発行する各種類の株式の内容）

ク　単元株式数についての定款の定めがあるときは、その単元株式数

ケ　発行済株式の総数並びにその種類及び種類ごとの数

コ　株券発行会社であるときは、その旨

サ　株主名簿管理人を置いたときは、その氏名又は名称及び住所並びに営業所

シ　新株予約権を発行したときは、新株予約権の数等（第2部の第1の2の(2)のアの(シ)参照）

ス　取締役の氏名及び住所

セ　代表取締役の氏名（特例有限会社を代表しない取締役がある場合に限る。）

ソ　監査役を置いたときは、監査役の氏名及び住所

タ　取締役又は監査役の責任の免除についての定款の定めがあるときは、その定め

チ　社外取締役又は社外監査役が負う責任の限度に関する契約の締結についての定款の定めがあるときは、その定め

ツ　チの定款の定めが社外取締役に関するものであるときは、取締役のうち社外取締役であるものについて、社外取締役である旨

テ　チの定款の定めが社外監査役に関するものであるときは、監査役のうち社外監査役であるものについて、社外監査役である旨

ト　公告方法についての定款の定めがあるときは、その定め

ナ　電子公告を公告方法とするときは、ウェブページのアドレス等（第2部の第1の2の(2)のアの(ヘ)参照）

ニ　トの定款の定めがないときは、官報に掲載する方法を公告方法とする旨

(2)　特例有限会社の本店の所在地における登記すべき事項のうち(1)以外のもの（会社法第916条から第918条まで、第920条、第926条、第927条、第929条等）は、株式会社の登記と同様であるが、合併及び会社分割の登記はすることができない場合（1の(6)のア参照）があり、株式交換及び株式移転の登記はすることができない。

　また、清算人の登記において登記すべき事項は、改正前の有限会社と同様に、清算人の氏名及び住所並びに代表清算人の氏名（特例有限会社を代表しない清算人がある場合に限る。）とされ（整備法第43条第2項）、清算人会設置会社である旨の登記はすることができない。

第3　商号変更による通常の株式会社への移行

1　移行の手続

　特例有限会社は、定款を変更してその商号中に株式会社という文字を用いる商号の変更をすることができ、当該定款の変更の効力は、移行の登記によって生ずるとされた（整備法第45条）。

2　移行の登記の手続

(1)　登記期間等

　特例有限会社が1の定款の変更をする株主総会の決議をしたときは、本店の所在地においては2週間以内に、支店の所在地においては3週間以内に、当該特例有限会社については解散の登記をし、商号の変更後の株式会社については設立の登記をしなければならない（整備法第46条）。

　これらの登記の申請は、組織変更による解散及び設立の登記と同様に、同時にしなければならず、いずれかにつき却下事由があるときは、共に却下しなければならない（整備法第136条第21項、第23項）。

(2)　商号の変更後の株式会社についてする設立の登記

　ア　登記すべき事項

　　登記すべき事項は、株式会社の設立の登記（第2部の第1の2の(2)参照）と同一の事項のほか、会社成立の年月日、特例有限会社の商号並びに商号を変更した旨及びその年月日である（整備法第136条第19項）。

　　ただし、1の定款の変更と同時に、資本金の額の増加その他の登記事項の変更が生じた場合において、移行による設立の登記の申請書に当該変更後の登記事項が記載されたときは、組織変更による設立の登記と同様に、これを受理して差し支えない。

　　なお、移行による設立の登記においては、登記官は、職権で、すべての取締役及び監査役につきその就任年月日を記録するものとする。特例有限会社の取締役又は監査役が商号の変更の時に退任しない場合には、その就任年月日（会社成立時から在任する取締役又は監査役にあっては、会社成立の年月日）を移記し、取締役又は監査役が商号の変更の時に就任した場合には、商号の変更の年月日を記録しなければならない。

　イ　添付書面

　　本店の所在地における移行による設立の登記の申請書には、1の定款の変更に係る株主総会の議事録及び商号の変更後の株式会社の定款（アのただし書の場合にあっては、当該変更に係る添付書面を含む。）を添付しなければならない（商登法第46条、整備法第136条第20項）。

　ウ　登録免許税額

　　移行による設立の登記の登録免許税額は、組織変更による設立の

204

登記と同様に、申請1件につき、本店の所在地においては資本金の額の1,000分の1.5（商号変更の直前における資本金の額を超える資本金の額に対応する部分については、1,000分の7）、支店の所在地においては9,000円である（登税法第17条の3、別表第一第19号㈠ホ、㈡イ）。

(3) 特例有限会社についてする解散の登記

ア 登記すべき事項

登記すべき事項は、解散の旨並びにその事由及び年月日であり、この登記をしたときは、その登記記録を閉鎖しなければならないとされた（商登法第71条第1項、改正省令第4条第3項）。

イ 添付書面

添付書面を要しないとされた（整備法第136条第22項）。

ウ 登録免許税額

登録免許税額は、組織変更による解散の登記と同様に、申請1件につき、本店の所在地においては3万円、支店の所在地においては9,000円である（登税法別表第一第19号㈠ソ、㈡イ）。

2 照会・回答・通知

（昭和31年12月4日民事甲第2740号民事局長回答）〔昭和31年11月22日神戸地方法務局長照会〕（先例集追Ⅰ933・登研109・41）

有限会社の代表取締役の選任登記について

取締役3名、代表取締役2名ある有限会社が設立登記後、社員総会の決議で代表取締役を1名更に選任してその登記申請がありましたが、この場合においては、取締役の全員が代表取締役となるので、さきになされている「代表取締役の氏名」の登記の抹消の申請をするのが相当であつて、右申請はこれを受理することはできないものと思いますが、いかがでしようか。

いささか疑義がありますので、至急、何分の御指示をお願いします。

（回答）客月22日付日記第8,992号で照会のあつた標記の場合には、取締役で

会社を代表しない者がなくなつたので、貴見のとおり処理するのが相当である。

（昭和42年5月1日民事甲第1012号民事局長回答）（先例集追Ⅳ221、登研235・40）

　　有限会社の取締役の1人が辞任し、同時に後任者が就任した場合の登記申請方式等

【要旨】　定款に「取締役を2名置き、取締役の互選をもって1名を代表取締役とする。」旨の定めがある有限会社について、代表権のない取締役が辞任した場合には、残存取締役の代表取締役たる資格がそのまま維持されるので、後任取締役の就任及び前任取締役の辞任による変更登記をあわせて申請する。

3　質疑応答

定款に規定する方法による代表取締役の選任の可否（登研210・56）

【要旨】　定款に、「代表取締役は、取締役の互選により選任する。」と定められている有限会社の代表取締役は、社員総会で選任することができない。

定款の規定に反する方法による代表取締役の選任（登研244・70）

【要旨】　有限会社の定款に「代表取締役は、取締役の互選により定める。」とある場合には、社員総会で選任することはできない。

取締役2名のうち代表権のない者が辞任した場合と変更登記の取扱い（登研252・68）

【要旨】　1　「取締役2名を置き、うち1名を代表取締役とする。」趣旨の定めのある有限会社において、取締役2名のうち平取締役の辞任による変更登記の申請があった場合、後任者選任の登記と同時でなければ当該申請は受理されない。　2　取締役2名を置き、うち1名を代表取締役とする登

記のある有限会社において、取締役２名のうち平取締役の辞任による変更登記の申請をする場合には、代表取締役の氏名の登記の抹消も同時に申請すべきであり、登記官において職権で抹消することはできない。

代表権取締役が死亡した場合と会社代表（登研254・73）

【要旨】　有限会社の定款に「取締役は２名以内を置き、代表取締役１名を置く。」と定めがある場合において、代表取締役の死亡により、他の１名の残存取締役から代表取締役の死亡による退任の登記の申請があったときは、受理して差し支えない。

定款で定めた取締役の辞任と定款変更の要否（登研308・78）

【要旨】　有限会社の設立当初の定款に定められた取締役が辞任するには、その前提として定款の変更をすることを要しない。

有限会社の取締役が１名になったことに伴う代表取締役の抹消原因等の記載方法（登研371・80）

【要旨】　取締役２名のうち１名が会社を代表すべき取締役となっている有限会社において、代表取締役以外の取締役が辞任し、取締役が１名になったことに伴い代表取締役の資格及び氏名を抹消する場合の登記原因及び日付けは、当該取締役が辞任した日付けをもって、「取締役が１名となったため抹消」と記載する。

有限会社の取締役の死亡による変更登記（登研427・106）

【要旨】　有限会社の取締役の死亡による変更登記の申請に当たり、死亡を証する書面上の住所と登記簿上の住所とが異なっている場合には、住所の移転を証する書面が添付されていても当該変更登記は、受理されない。

有限会社の代表取締役（定款又は社員総会により定められた）の代表取締役

たる地位のみの辞任（登研432・130）

【要旨】 有限会社において、定款の定めまたは社員総会の決議によって会社を
　　　代表すべき取締役を定めた場合の当該代表取締役の地位のみの辞任による
　　　変更登記の申請書には、定款変更を証する書面または社員総会の議事録の
　　　添付を要する。

有限会社の代表取締役（取締役の互選により定められた）の代表取締役たる
地位のみの辞任（登研432・131）

【要旨】 有限会社において、定款の規定に基づき取締役の互選によって会社を
　　　代表すべき取締役を定めた場合の当該代表取締役の地位のみの辞任による
　　　変更登記の申請書には、他の取締役の承認を証する書面の添付を要しない。

有限会社の取締役2名のうち代表権のない取締役が死亡し、後任取締役が選
任された場合の変更登記（登研462・118）

【要旨】 有限会社の取締役2名のうち代表権のない取締役が死亡し、変更登記
　　　をしないまま数か月を経過し、その後、後任取締役が選任された場合の役
　　　員変更登記は、取締役の死亡による退任及び後任取締役の就任の登記申請
　　　のみで足りる。

有限会社の代表取締役の選任懈怠の有無（登研469・143）

【要旨】 「取締役は、社員甲、乙及び丙、代表取締役は、甲とする」と定めの
　　　ある有限会社において、甲の死亡から8か月経過後に乙を後任代表取締役
　　　に選任した場合、代表取締役の選任懈怠が生じる。

有限会社の役員変更登記申請の際の定款添付の要否（登研469・144）

【要旨】 定款に「取締役2名置き、取締役の互選をもって1名を代表取締役と
　　　する。」との定めのある有限会社において、代表権のない取締役が辞任し、
　　　その後任取締役が就任した場合の役員変更登記申請には、定款の添付を要

しない。

有限会社の役員変更登記申請と定款添付の要否（登研470・101）
【要旨】　定款に「取締役2名以上あるときは、内1名を取締役の互選によって
　代表取締役とする。」との定めのある有限会社において、取締役2名のう
　ち、代表権のない取締役が死亡又は辞任したときは、取締役死亡又は辞任
　の登記申請のほか、代表取締役の氏名の抹消の登記申請を併せてしなけれ
　ばならない。その際、当該登記申請書には定款の添付を要しない。

有限会社の監査役の辞任による変更登記と定款の添付の要否（登研504・
202）
【要旨】　監査役を1名登記している有限会社が、監査役の辞任による変更登記
　のみを申請する場合には、監査役に関する定めを削除した変更定款の添付
　を要する。

役員の就任を証する書面として定款を添付する方法（登研527・175）
【要旨】　有限会社の代表取締役の改選に伴う変更登記申請書に定款を添付する
　ときは、代表取締役が原本と相違ない旨記載の上、登記所に届け出る印鑑
　と同一の印鑑を押印すべきである。

特例有限会社が商号変更による通常の株式会社への移行をする場合における
当該株式会社の設立の登記において取締役会設置会社の定めの設定の登記等を
併せてすることの可否（登研699・191）
【要旨】　特例有限会社が商号変更による通常の株式会社への移行をする場合に
　おいて、当該設立の登記の申請書に添付される定款に、取締役会設置会社
　の定め及び商号変更後の最初の代表取締役の氏名が記載されていた場合に
　は、移行による設立の登記において、取締役会設置会社の定め及び当該代
　表取締役の氏名等を併せて登記することができる。

　会社法等の施行に伴い、特例有限会社となった不動産の登記名義人が、その商号を変更して通常の株式会社に移行した場合の登記事務の取扱いについて（登研700・199）

【要旨】　会社法等の施行に伴い、特例有限会社となった不動産の登記名義人が、その商号を変更することにより通常の株式会社に移行した場合には、当該不動産について、商号変更を原因とする登記名義人の名称の変更の登記をすれば足りる。

　特例有限会社の解散による清算人の登記を申請する場合における商業登記法第73条第1項の規定による定款の添付の要否について（登研707・194）

【要旨】　特例有限会社の解散により株主総会又は裁判所によって選任された者が清算人となった場合には、商業登記法第73条第1項による定款の添付を要しない。

（参考論説）

有限会社の代表取締役（商業登記の栞8・登研646・120）

　「……このような選任方法の違いからくる代表取締役の地位についての性質の相違から、代表取締役への就任承諾の要否及び代表取締役の地位のみの辞任の可否について、次のような違いがもたらされ、設立登記又は代表取締役の就任による変更登記の申請書の添付書類（商業登記法95条4号、101条、81条1項）にも、差異を生じることになります。

　1　定款又は社員総会の決議により定められた代表取締役（特定代表取締役）については、代表取締役の地位と取締役の地位とが一体となっていると考えられますから、取締役としての就任を承諾した以上、これとは別に代表取締役としての就任の承諾を要しません。すなわち、別途代表取締役への就任承諾書の添付を要しません。

　しかし、定款の規定に基づき取締役の互選により定められた代表取締役（互選代表取締役）は、取締役としての就任の承諾のほか、代表取締役としての就

任の承諾をも要することになります。すなわち、取締役及び代表取締役それぞれについての就任承諾書の添付が必要となります。商業登記法第95条第4号には、取締役への就任承諾書についてしか規定されていませんが、これは、有限会社の取締役が原則として各自代表権を有することを前提としてそのような規定となっているにすぎず、互選代表取締役についてその就任を承諾する書面の添付を要しないこととする趣旨ではないと解されています（味村・前掲詳解商業登記下巻32頁）。

2　特定代表の方法によって定められた代表取締役が会社代表者としての地位のみを辞任するには、定款の変更又は社員総会の承認決議を要し、代表取締役の辞任の意思表示によっては辞任することができません。すなわち、この場合の登記の申請書には、代表取締役の辞任届ではなく、定款の変更又は辞任の承認の決議に係る社員総会の議事録の添付を要します（参考質疑応答6363、7620）。

これに対して、互選代表の方法によって定められた代表取締役が、会社代表者としての地位のみを辞任し、引き続き取締役の地位にとどまる場合には、その旨の辞任の意思表示のみで足り、他の取締役の承認を要しません（参考質疑応答6364）。もっとも、定款所定の代表取締役の定数を欠くこととなる場合には、代表取締役の辞任による変更の登記は、後任者の就任による変更の登記と共にしなければならないことは、いうまでもありません。」

【参考質疑応答】
【6363】有限会社の代表取締役（定款又は社員総会により定められた）の代表取締役たる地位のみの辞任（登研432号）
〔要旨〕有限会社において、定款の定め又は社員総会の決議によって会社を代表すべき取締役を定めた場合の当該代表取締役の地位のみの辞任による変更登記の申請書には、定款変更を証する書面又は社員総会の議事録の添付を要する。
問　有限会社において、定款の定め又は社員総会の決議によって会社を代表すべき取締役と定められた者が代表取締役の地位のみを辞任したことによる変更登記の申請書には、定款変更を証する書面又は社員総会の議事録の添付を要すると考えますが、いかがでしょうか。
答　御意見のとおりと考えます。取締役たる地位と代表取締役たる地位が一体となって定款又は社員総会の決議によって定められていると解されるため。

【6364】有限会社の代表取締役（取締役の互選により定められた）の代表取締役たる地位の
みの辞任（登研432号）

〔要旨〕有限会社において定款の規定に基づき取締役の互選によって会社を代表すべき取締
役を定めた場合の当該代表取締役の地位のみの辞任による変更登記の申請書には、他の取締
役の承認を証する書面の添付を要しない。

問　定款の規定に基づき取締役の互選によって会社を代表すべき取締役を定めた有限会社に
　　おいて、当該代表取締役が代表取締役の地位のみを辞任したことによる変更登記の申請書
　　には、辞任につき他の取締役の承認を証する書面の添付を要しないと考えますが、いかが
　　でしょうか。

答　御意見のとおりと考えます。

【7620】社員総会で選任された有限会社の代表取締役の辞任による変更の登記の添付書類
（登研597号）

〔要旨〕定款に「取締役が数名あるときは、社員総会の決議をもって代表取締役を選任する
ことができる。」旨の定めを置いている有限会社の代表取締役が、代表取締役の地位のみ辞
任する場合の変更登記の申請書には、当該代表取締役の辞任を承認する旨の決議に係る社員
総会議事録を添付しなければならない。

問　定款に「取締役が数名あるときは、社員総会の決議をもって代表取締役を選任すること
　　ができる。」旨の定めを置いている有限会社の代表取締役が代表取締役の地位のみを辞任
　　する場合には、社員総会の承認決議がなければできないものと考えられるので、代表取締
　　役の辞任による変更の登記の申請書には、辞任届を添付するのでなく、社員総会議事録の
　　添付を要するものと考えますがいかがでしょうか。

答　御意見のとおりと考えます。

4 記録例

特例有限会社に関する経過措置

1 施行前の登記

商　号	第一電器有限会社
本　店	東京都中央区京橋一丁目1番1号
会社成立の年月日	平成12年10月1日
目　的	1　家庭電器用品の製造及び販売 2　家具、什器類の製造及び販売 3　光学機械の販売 4　前各号に附帯する一切の事業
出資1口の金額	金1000円
資本の総額	金500万円
役員に関する事項	東京都千代田区霞が関一丁目3番5号 取締役　　　　甲　野　太　郎
支　店	1 大阪市北区若松町15番地
存立時期	会社成立の日から満50年
登記記録に関する事項	設立 　　　　　　　　　　　平成12年10月　1日登記

213

2　施行後の登記

商　号	第一電器有限会社
本　店	東京都中央区京橋一丁目1番1号
公告をする方法	官報に掲載してする 　　　　　　　　　　　　　平成17年法律第87号第1 　　　　　　　　　　　　　36条の規定により平成18 　　　　　　　　　　　　　年　5月　1日登記
会社成立の年月日	平成12年10月1日
目　的	1　家庭電器用品の製造及び販売 2　家具、什器類の製造及び販売 3　光学機械の販売 4　前各号に附帯する一切の事業
発行可能株式総数	5000株 　　　　　　　　　　　　　平成17年法律第87号第1 　　　　　　　　　　　　　36条の規定により平成18 　　　　　　　　　　　　　年　5月　1日登記
発行済株式の総数 並びに種類及び数	発行済株式の総数 　　5000株 　　　　　　　　　　　　　平成17年法律第87号第1 　　　　　　　　　　　　　36条の規定により平成18 　　　　　　　　　　　　　年　5月　1日登記
出資1口の金額	金1000円
資本金の額	金500万円
株式の譲渡制限に 関する規定	当会社の株式を譲渡により取得することについて当会社の承認を要する。当会 社の株主が当会社の株式を譲渡により取得する場合においては当会社が承認し たものとみなす。 　　　　　　　　　　　　　平成17年法律第87号第1 　　　　　　　　　　　　　36条の規定により平成18 　　　　　　　　　　　　　年　5月　1日登記
役員に関する事項	東京都千代田区霞が関一丁目3番5号 取締役　　　　　甲　野　太　郎
支　店	1 大阪市北区若松町15番地
存続期間	会社成立の日から満50年
登記記録に関する 事項	設立 　　　　　　　　　平成12年10月　1日登記

3　公告をする方法に関する職権登記

(1)　整備法第１３６条第１６項第３号に基づく職権登記（施行前に合併等の公告方法を電子公告とする旨を定款上定めていた場合）

公告をする方法	電子公告の方法により行う。 ｈｔｔｐ：／／ｗｗｗ．ｄａｉ－ｉｃｈｉ－ｄ ｅｎｋｉ．ｃｏ．ｊｐ／ｋｏｕｋｏｋｕ／ｉｎ ｄｅｘ．ｈｔｍｌ	平成１７年法律第８７号第１ ３６条の規定により平成１８ 年　５月　１日登記

〔注〕　施行前に合併等の公告方法を日刊新聞紙とする旨定款上定めている場合も，同様である。

会社が合併等の公告をする方法	電子公告の方法により行う。 ｈｔｔｐ：／／ｗｗｗ．ｄａｉ－ｉｃｈｉ－ｄ ｅｎｋｉ．ｃｏ．ｊｐ／ｋｏｕｋｏｋｕ／ｉｎ ｄｅｘ．ｈｔｍｌ	

〔注〕　この登記をした際に，従来の合併等の公告方法の登記を職権で抹消する（下線の付与）。

(2)　整備法第１３６条第１６項第３号に基づく職権登記（施行前に合併等の公告方法を定款上定めていない場合）

公告をする方法	官報に掲載してする	平成１７年法律第８７号第１ ３６条の規定により平成１８ 年　５月　１日登記

(3)　整備法第１３６条第１６項第３号に基づく職権登記（施行前に合併及び分割の公告方法でそれぞれ異なる公告方法を定款上定めている場合。整備法第５条第４項）

公告をする方法	官報に掲載してする	平成１７年法律第８７号第１ ３６条の規定により平成１８ 年　５月　１日登記

4 株式会社への商号変更を行う場合

(1) 株式会社についてする設立の登記(整備法第46条,会社法第911条)

商 号	第一電器株式会社	
本 店	東京都中央区京橋一丁目1番1号	
公告をする方法	官報に掲載してする	
会社成立の年月日	平成12年10月1日	
目 的	1 家庭電器用品の製造及び販売 2 家具、什器類の製造及び販売 3 光学機械の販売 4 前各号に附帯する一切の事業	
発行可能株式総数	5000株	
発行済株式の総数並びに種類及び数	発行済株式の総数 5000株	
資本金の額	金500万円	
株式の譲渡制限に関する規定	当会社の株式を第三者へ譲渡する場合は、当会社の承認がなければ譲渡することができない	
役員に関する事項	取締役 甲 野 太 郎	平成12年10月 1日就任
	東京都千代田区霞が関一丁目3番5号 代表取締役 甲 野 太 郎	
支 店	1 大阪市北区若松町15番地	
存続期間	会社成立の日から満50年	
登記記録に関する事項	平成19年10月1日第一電器有限会社を商号変更し、移行したことにより設立 <div align="right">平成19年10月 1日登記</div>	

(2)　特例有限会社の解散の登記（整備法第４６条）

登記記録に関する事項	平成１９年１０月１日東京都中央区京橋一丁目１番１号第一電気株式会社に商号変更し，移行したことにより解散 　　　　　　　　　　　　　　　　　平成１９年１０月　　１日登記 　　　　　　　　　　　　　　　　　平成１９年１０月　　１日閉鎖

5　有限会社の種類株の例（通達第８部第２の２（２））

発行済株式の総数並びに種類及び数	発行済株式の総数 　　６０株	
	発行済株式の総数 　　６０株 各種の株式の数 　　普通株式　　　　４０株 　　優先株式　　　　２０株	平成１８年　５月　　１日変更 －－－－－－－－－－－－－－－ 平成１８年　５月　　８日登記
発行可能種類株式総数及び発行する各種類の株式の内容	普通株式　　　４０株 優先株式　　　２０株 １．優先配当金 　　　利益配当を行うときは、優先株式を有する株主（以下優先株主という）に対し普通株式を有する株主（以下普通株主という）に先立ち、１株につき５万円を支払う。 　　　　　　　　平成１８年　５月　　１日変更　平成１８年　５月　　８日登記	

217

著者紹介

こうざき　みつじろう
神﨑　満治郎

1964年　法務省入省、名古屋法務局法人登記課課長補佐、法務省民事局第四課（現商事課）補佐官、宇都宮地方法務局長、浦和地方法務局長、横浜地方法務局長、札幌法務局長を歴任。

1993年　公証人（横浜地方法務局所属）となり2003年12月任期満了により公証人退任。公証人在任中、約5,000社の定款を認証。

現　在　日本司法書士会連合会顧問
　　　　一般社団法人商業登記倶楽部代表理事・主宰者
　　　　公益社団法人成年後見センター・リーガルサポート理事
　　　　一般社団法人日本財産管理協会顧問

（主な編著書）

判例六法Professional（編集協力者、有斐閣）、商業・法人登記重要先例集（有斐閣）、新・法人登記入門〔増補改訂版〕（テイハン）、商業・法人登記360問（共著、テイハン）、商業登記全書（編集代表・全８巻、中央経済社）、「合同会社」設立・運営のすべて（中央経済社）、一般社団・財団法人設立登記書式集（解説＋ＣＤ、株式会社リーガル）
ほか多数。

特例有限会社の登記Q＆A　（新訂版）

2023年３月７日　初版第１刷印刷　定価：3,190円（本体価：2,900円）
2023年３月13日　初版第１刷発行

不複
許製

著　者　　神﨑　満治郎
発行者　　坂巻　徹

発行所　　東京都北区　株式会社　テイハン
　　　　　東十条６丁目6-18
　　　　　電話 03(6903)8615　FAX 03(6903)8613／〒114-0001
　　　　　ホームページアドレス　https://www.teihan.co.jp

〈検印省略〉　　　　　　　印刷／日本ハイコム株式会社

ISBN978-4-86096-166-4